Buda Shakyamuni

AS INSTRUÇÕES ORAIS DO MAHAMUDRA

Outros livros de Venerável Geshe Kelsang Gyatso Rinpoche

Contemplações Significativas
Clara-Luz de Êxtase
Compaixão Universal
Caminho Alegre da Boa Fortuna
O Voto Bodhisattva
Joia-Coração
Grande Tesouro de Mérito
Introdução ao Budismo
Solos e Caminhos Tântricos
Oceano de Néctar
Essência do Vajrayana
Viver Significativamente, Morrer com Alegria
Oito Passos para a Felicidade
Transforme sua Vida
Novo Manual de Meditação
Como Solucionar Nossos Problemas Humanos
Mahamudra-Tantra
Budismo Moderno
Novo Coração de Sabedoria
Novo Guia à Terra Dakini
Como Entender a Mente

Este livro é publicado sob os auspícios do
Projeto Internacional de Templos da NKT–IKBU,
e o lucro recebido com a sua venda está direcionado
para benefício público através desse fundo.
[Reg. Charity number 1015054 (England)]
Para mais informações:
www.tharpa.com/benefit-all-world-peace

VENERÁVEL GESHE
KELSANG GYATSO RINPOCHE

As Instruções Orais do Mahamudra

A VERDADEIRA ESSÊNCIA DOS ENSINAMENTOS, DE SUTRA E DE TANTRA, DE BUDA

THARPA BRASIL

São Paulo, 2016

Primeira edição em língua inglesa em 2015.
Traduzido a partir da 2ª edição inglesa, 2016.

Primeira edição em língua portuguesa em 2016.

Título original:
The Oral Instructions of Mahamudra: The Very Essence of Buddha's Teachings of Sutra and Tantra

Tradução do original autorizada pelo autor.

Tradução, Revisão e Diagramação Tharpa Brasil

Dados Internacionais de Catalogação na Publicação (CIP)

Kelsang, Gyatso (Geshe), 1932-

As instruções orais do mahamudra / Geshe Kelsang Gyatso; tradução Tharpa Brasil - 1. ed. - São Paulo (SP): Tharpa Brasil, 2016.
318p. : 14 x 21 cm

Título original em inglês: The oral instructions of mahamudra

ISBN 978-85-8487-012-7

1. Budismo 2. Carma 3. Meditação I. Título.

05-9278 CDD-294.3

Índices para catálogo sistemático:
1. Budismo: Religião 294.3

2016

EDITORA THARPA BRASIL
Rua Artur de Azevedo 1360, Pinheiros
05404-003 - São Paulo, SP
Fone: 11 3476-2328
www.tharpa.com.br

Sumário

Ilustrações

Nota do Tradutor

As palavras de origem sânscrita e tibetana, como *Bodhichitta*, *Bodhisattva*, *Dharma*, *Geshe*, *Sangha* etc., foram grafadas como aparecem na edição original deste livro, em língua inglesa, em respeito ao trabalho de transliteração previamente realizado e por evocarem a pureza das línguas originais das quais procedem.

Em alguns casos, contudo, optou-se por aportuguesar as palavras já assimiladas à língua portuguesa (Buda, Budeidade, Budismo, carma) em vez de escrevê-las de acordo com a sua transliteração (*Buddha*, *karma*).

As palavras estrangeiras foram grafadas em itálico somente na primeira vez que aparecem no texto.

PARTE UM

Explicação Geral desta Prática

Vajradhara

INTRODUÇÃO

Este livro apresenta, principalmente, a prática de meditação, por meio da qual podemos desenvolver e manter paz mental o tempo todo. Se nossa mente estiver em paz o tempo todo, seremos felizes o tempo todo. Portanto, se realmente temos o desejo de que nós e os outros sejamos felizes o tempo todo, precisamos aprender a praticar meditação. Por fim, pela prática da meditação *Mahamudra*, seremos capazes de beneficiar todos e cada um dos seres vivos, todos os dias. Não há nada mais significativo do que isso.

A função da meditação é gerar paz mental. A suprema paz mental permanente é a iluminação. O que é a iluminação? Iluminação é a luz interior de sabedoria que é permanentemente livre de toda aparência equivocada, e cuja função é conceder paz mental para todos e cada um dos seres vivos, todos os dias. Somente os seres humanos podem obtê-la, por praticarem meditação. Como somos afortunados!

Meditação é um método científico para transformar a natureza humana, de *má* para *boa*. Todos nós precisamos ser amáveis e bondosos – ter um bom coração. Esse é o método verdadeiro para solucionar os nossos próprios problemas interiores (os problemas da ignorância, depressão, raiva, e assim por diante), bem como o método verdadeiro para beneficiar os outros de modo prático.

Para assegurar que nossa meditação seja eficiente, cada prática de meditação é apresentada em duas etapas: a *contemplação*, e a *meditação* propriamente dita. Devemos memorizar a contemplação e, durante a sessão de meditação, repeti-la mentalmente muitas e muitas vezes. Através disso, iremos gerar ou encontrar o objeto de meditação propriamente dito. Tendo encontrado o objeto, nós o mantemos fortemente e meditamos estritamente focados nele. Essa maneira de meditar é muito prática e importante; por essa razão, devemos manter esse conselho em nosso coração.

Na palavra "Mahamudra", "*Maha*" significa "grande", e refere-se ao grande êxtase; e "*mudra*" significa "não enganoso", e refere-se à vacuidade. O Mahamudra propriamente dito, portanto, é a união de nosso próprio grande êxtase com a vacuidade.

As instruções de Mahamudra apresentadas neste livro estão fundamentadas nas instruções orais de Mahamudra de Je Tsongkhapa – as suas instruções incomuns de Mahamudra que ele próprio extraiu da *Escritura Emanação Ganden*.

Até o primeiro Panchen Lama, Losang Chokyi Gyaltsen, estas instruções não estavam escritas em linguagem humana comum. Fundamentado na *Escritura Emanação Ganden*, o primeiro Panchen Lama escreveu o texto-raiz do Mahamudra, *O Principal Caminho dos Conquistadores*, e seu autocomentário. A partir de então, pouco a pouco, as instruções da Linhagem Oral Ganden do Mahamudra foram sendo ensinadas publicamente.

Estas instruções são muito abençoadas. Je Tsongkhapa recebeu-as do Buda da Sabedoria Manjushri. Ele transmitiu as instruções e bênçãos da linhagem a seu discípulo Togden Jampel Gyatso, e elas foram então transmitidas através de uma linhagem contínua e ininterrupta até chegarem a Vajradhara Trijang Rinpoche, que é uma manifestação de Buda Heruka. Pela grande bondade desse precioso lama, temos agora a oportunidade de ouvir e de praticar estas preciosas instruções. Devemos nos regozijar com a nossa boa fortuna.

A *Escritura Emanação Ganden* é uma escritura sagrada emanada pelo Buda da Sabedoria Manjushri, que revela as instruções incomuns da doutrina Ganden. Do mesmo modo que existem professores-emanação, existem também escrituras-emanação, e assim por diante. Nos *Sutras*, Buda diz: "No futuro, vocês encontrarão Guias Espirituais no aspecto de seres comuns. Vocês devem saber que eles são minhas emanações". Na verdade, há incontáveis escrituras-emanação, professores-emanação, e assim por diante. Qualquer coisa, animada ou inanimada, pode ser uma emanação de Buda. Não há um único lugar que não tenha emanações de Buda. O fato de que Buda possui incontáveis emanações é uma das razões principais que provam que Buda tem a habilidade de beneficiar todos e cada um dos seres vivos, todos os dias.

Através das instruções orais do Mahamudra apresentadas neste livro, conheceremos as características especiais da doutrina de

Je Tsongkhapa. Em *Prece para o Florescimento da Doutrina de Je Tsongkhapa*, o grande erudito Gungtang diz:

> A vacuidade, que é explicada nos ensinamentos de Sutra
> de Buda,
> E o grande êxtase, que é explicado nos ensinamentos
> tântricos de Buda –
> A união desses dois é a verdadeira essência dos 84 mil
> ensinamentos de Buda.
> Que a doutrina do Conquistador Losang Dragpa floresça
> para sempre.

Nos ensinamentos de Je Tsongkhapa, encontramos uma explicação clara, inequívoca e completa sobre a vacuidade, assim como uma explicação clara, inequívoca e completa sobre o grande êxtase. Esta é a característica especial da doutrina de Je Tsongkhapa. Compreendendo isso, devemos nos regozijar, do fundo de nosso coração, com a nossa boa fortuna de termos encontrado a doutrina de Je Tsongkhapa.

É dito que o Dharma inequívoco é o Mahamudra, o Lamrim (ou "as etapas do caminho") e o Lojong (ou "treino da mente"). Por essa razão, devemos aplicar grande esforço para praticar nós mesmos essas instruções e ensiná-las aos outros, pois elas são a verdadeira essência do *Budadharma*. Se fizermos isso, realizaremos o verdadeiro propósito de termos encontrado a doutrina de Je Tsongkhapa.

No texto-raiz, está dito "Geden Kagyu". Isso significa "Linhagem Oral Ganden". Neste contexto, "Ganden" – que significa "Alegre" – refere-se à doutrina de Je Tsongkhapa, e os praticantes que seguem essa doutrina são chamados "Gandenpas".

Alguns textos explicam que a vacuidade é "o grande selo", ou "Mahamudra", mas "Mahamudra" é simplesmente um nome dado à vacuidade. O Mahamudra verdadeiro é a união de grande êxtase e vacuidade.

O Mahamudra, ou união de grande êxtase e vacuidade, tem duas partes: grande êxtase e vacuidade. No Tantra Ioga Supremo, o grande êxtase é, necessariamente, um êxtase que surge pelo derretimento das gotas dentro do canal central, em razão de os ventos interiores dos canais direito e esquerdo entrarem, permanecerem e se dissolverem no canal central por força de meditação. Somente os praticantes do Tantra Ioga Supremo e os Budas experienciam um êxtase como esse.

A segunda parte dessa união – vacuidade – foi explicada por Buda nos *Sutras Perfeição de Sabedoria*; Je Tsongkhapa, com base nos comentários de Nagarjuna aos *Sutras Perfeição de Sabedoria*, explicou claramente e em detalhes o significado da *vacuidade*.

O significado de *união de grande êxtase e vacuidade* é que, por força de meditação, nossa própria mente de grande êxtase e a vacuidade tornam-se não duais, apenas uma, como dois espaços misturados um com o outro. Isto é extremamente profundo e sutil e, nestes dias atuais, aqueles que compreendem o significado desta união por meio de sua própria experiência são tão raros quanto estrelas aparecendo durante o dia.

Grande êxtase é *aparência*, e vacuidade é *vazio*. A união destes dois é a união de aparência e vacuidade. Verdade convencional é *aparência*, e verdade última é *vazio* – a união destes dois é, também, a união de aparência e vacuidade. Nós mesmos gerados como a Deidade sustentada e o mandala sustentador inteiro *é aparência*, e vacuidade *é vazio* – a união desses dois é, também, a união de aparência e vacuidade. Devemos saber que há muitos níveis para essa união de aparência e vacuidade. Normalmente, percebemos aparência e vacuidade como "dois", e não como "um". Essa percepção é aparência dual, o principal obstáculo para alcançar a iluminação. A aparência dual e o agarramento dual que são normalmente conhecidos referem-se, respectivamente: à aparência e vacuidade aparecendo como dois; e à mente que se aferra a isso (à aparência e vacuidade aparecendo como dois).

Je Tsongkhapa disse em uma prece:

Por identificar corretamente o significado de união,
Que eu seja permanentemente livre da aparência equivocada.

O significado de "união", neste contexto, é que aparências e vacuidades são não duais, são uma natureza. Se realizarmos diretamente essa união, seremos permanentemente livres de toda aparência equivocada. Quando, por meio de treino, realizarmos que as aparências e vacuidades são não duais - são uma natureza, como dois espaços vazios misturados um com o outro - devemos então manter esse profundo conhecimento, ou experiência, dia e noite, sem nunca esquecê-lo. Por fazer isso, por fim, seremos capazes de permanecer, para sempre, no vasto espaço da união de aparência e vacuidade como um Heruka. Esta é a União de Heruka. Desse modo, teremos alcançado a iluminação.

Em resumo, quando, por força de meditação, nossa mente se transforma na mente de grande êxtase como mencionado acima, e essa mente realiza diretamente a vacuidade, isto é a união de grande êxtase e vacuidade, a realização propriamente dita do Mahamudra. Iremos então, definitivamente, nos tornar iluminados nessa mesma vida.

Muitos discípulos de Je Tsongkhapa e, por sua vez, os discípulos de seus discípulos tornaram-se Budas iluminados naquela mesma vida por alcançarem a realização da união de grande êxtase e vacuidade pela prática das instruções da Linhagem Oral Ganden. Entretanto, é difícil para as pessoas acreditarem que isso seja verdade, pois suas mentes estão obstruídas pela aparência comum.

COMO PRATICAR O MAHAMUDRA

O texto-raiz do Mahamudra diz:

> Com relação a isso, há três - as preliminares, a prática propriamente dita e a prática de conclusão (...).

Isso significa que, para obter a realização do Mahamudra, precisamos praticar essas três. O modo de praticar o Mahamudra, portanto, será agora explicado a partir dos seguintes três tópicos:

Buda Shakyamuni

1. A prática das preliminares;
2. A prática propriamente dita do Mahamudra;
3. A prática da aquisição subsequente.

A PRÁTICA DAS PRELIMINARES

É bem conhecido que há quatro grandes guias preliminares:

1. O primeiro grande guia preliminar, treinar em buscar refúgio sinceramente, a porta de ingresso ao Budismo; e treinar a mente compassiva da *bodhichitta*, a porta de ingresso ao *Mahayana*, o principal caminho para o estado de iluminação;
2. O segundo grande guia preliminar, treinar a prática de purificação, a porta de ingresso para purificar ações não virtuosas e obstruções;
3. O terceiro grande guia preliminar, treinar a prática da oferenda de mandala, a porta de ingresso para acumular a coleção de mérito e alcançar uma Terra Pura iluminada;
4. O quarto grande guia preliminar, treinar Guru-Ioga, a porta de ingresso para receber bênçãos.

O PRIMEIRO GRANDE GUIA PRELIMINAR

COMO TREINAR EM BUSCAR REFÚGIO SINCERAMENTE, A PORTA DE INGRESSO AO BUDISMO

O Venerável Sakya Pândita disse que "se não tens prática de refúgio nas Três Joias – Buda, Dharma e Sanga –, não és um praticante de Dharma". Isso significa que, se formos incapazes de praticar refúgio puramente, não ingressaremos no Budismo; e, se não ingressarmos no Budismo, não teremos oportunidade alguma de alcançar libertação permanente do sofrimento ou de alcançar a felicidade suprema da iluminação. Teremos, então, perdido o verdadeiro significado da vida humana.

Compreendendo isso, tomamos uma determinação, pensando:

Irei praticar refúgio puramente, de modo que eu seja capaz de ingressar no Budismo.

Meditamos nessa determinação.

Visto que, sem uma causa, não há efeito, precisamos primeiro gerar, em nossa mente, as causas de uma prática de refúgio pura. Fazemos isso através de contemplar o que se segue:

Eu e todos os seres vivos-mães, tão extensos quanto o espaço, estamos nos afogando no vasto e profundo oceano do sofrimento samsárico, onde os monstros marinhos do Senhor da Morte devoram, repetidamente, nossos corpos.

Temos vivenciado, de muitas maneiras diferentes, o sofrimento de morrer, e todos os nossos incontáveis corpos têm sido consumidos pelos monstros marinhos do Senhor da Morte.

Temos de vivenciar um infindável ciclo de renascimentos, com sofrimentos produzidos por ondas de insuportável dor e, a cada vez que nascemos, nascemos sozinhos e tendo de vivenciar sofrimentos por toda a nossa vida.

E então, a morte chega.

Novamente, nascemos sozinhos, e tendo de vivenciar sofrimentos por toda essa outra vida.

E então, novamente, a morte chega.

E, novamente, nascemos, e assim por diante.

Temos de vivenciar, interminavelmente, esse ciclo de insuportável sofrimento, e a causa de todo esse sofrimento é que temos tomado renascimento no samsara, o ciclo de vida impura.

O que significa *tomar renascimento no samsara*? Significa que, em cada uma de nossas vidas, devido à ignorância, aferramo-nos ao nosso corpo ou mente contaminados como sendo nosso *self*, pensando "eu, eu" onde não há um *eu*, ou *self*. Por meio disso, vivenciamos, interminavelmente, as alucinações - ou aparências equivocadas - dos sofrimentos desta vida e das incontáveis vidas futuras.

Tendo compreendido isso, sentimos quão insuportável é o renascimento samsárico, tanto para nós quanto para os outros; e sentimos também quão insuportável é essa incerteza quanto ao sofrimento e ao renascimento que teremos.

Pensamos também:

> *Eu estou no samsara, o ciclo de vida impura; isso é como estar preso num círculo de fogo.*

Geramos um sentimento de intenso medo desse insuportável ciclo de renascimentos e meditamos nesse medo muitas e muitas vezes, mantendo-o com concentração estritamente focada, sem esquecê-lo. Por meditarmos dessa maneira, dia e noite, nunca devemos esquecer o medo de tomar renascimento no samsara, em geral, e nos reinos inferiores, em particular.

Normalmente, não faz sentido desenvolver medo, mas o medo explicado aqui abre a porta para a prática de refúgio pura e, por essa razão, ele é extremamente significativo. Esse medo é uma causa indispensável para uma prática de refúgio pura. Até agora, não temos sido capazes de praticar puramente refúgio nas Três Joias devido à falha da ausência desse medo. Portanto, precisamos contemplar:

> *O sofrimento sem-fim deste ciclo de renascimento é apavorante - é como estar preso em um círculo de fogo. Portanto, irei me empenhar dia e noite para cessar permanentemente este renascimento samsárico. Farei isso empenhando-me em abandonar permanentemente sua raiz, a ignorância do agarramento ao em-si.*

Meditamos muitas e muitas vezes nessa determinação, mantendo-a com concentração estritamente focada, sem esquecê-la. A mente que mantém essa determinação continuamente é renúncia autêntica, que abre a porta para a libertação.

Agora, em qual método devemos confiar para cessar, de modo permanente, o renascimento samsárico e abandonar permanentemente sua raiz, a ignorância do agarramento ao em-si? Podemos alcançar esse objetivo unicamente através de recebermos as bênçãos de Buda, a ajuda da Sangha e de praticarmos o Dharma dos três treinos superiores. Assim, o único refúgio que nos liberta permanentemente dos sofrimentos intermináveis do samsara são as Três Joias Preciosas: Buda, Dharma e Sangha. Esse refúgio não pode ser encontrado em nenhum outro lugar. Tendo compreendido e contemplado isso, devemos desenvolver, em nosso coração, fé e confiança irreversíveis nas Três Joias. Isso é, também, uma causa de uma prática de refúgio pura.

Então, pelo poder de imaginação correta, visualizamos nosso Guru-raiz aparecendo realmente no espaço a nossa frente sob o aspecto de Guru Sumati Buda Heruka (cuja natureza é nosso Guru-raiz, Je Tsongkhapa, Buda Shakyamuni e Heruka), rodeado por todos os Budas e *Bodhisattvas* das dez direções. Observando-os, meditamos brevemente, estritamente focados, com uma mente de forte e de decidida fé de almejar, pensando:

Que maravilhoso seria se eu e todos os seres vivos-mães viéssemos a nos tornar como esses seres iluminados.

Tendo, dessa maneira, gerado e visualizado os objetos de refúgio diante de nós, recitamos a prece ritual três vezes, enquanto fazemos a promessa:

Ó Guru Sumati Buda Heruka, doravante, até que eu alcance a iluminação, irei confiar e manter unicamente as Três Joias – Buda, Dharma e Sangha – como meus objetos de refúgio.

Vou aplicar esforço para receber as bênçãos de Buda, para receber ajuda da Sangha e para alcançar as realizações da Joia Dharma como a proteção última, para mim e para os outros, contra os medos do samsara.

Ao recitar três vezes essa prece ritual, tomamos os votos de refúgio mahayana. É muito importante fazer isso todos os dias.

O significado de buscar refúgio nas Três Joias é o de fazer a promessa de aplicar esforço: para receber as bênçãos de Buda; para receber ajuda da Sangha, os praticantes espirituais puros que mostram um bom exemplo; e para alcançar as realizações do Dharma dos três treinos superiores (treino em disciplina moral; treino em concentração, ou meditação; e treino na sabedoria da vacuidade – todos eles motivados por renúncia) como a proteção última, para nós próprios e para os outros, contra os medos do samsara. Essas promessas são os compromissos essenciais de buscar refúgio.

COMO TREINAR A MENTE COMPASSIVA DA BODHICHITTA, A PORTA DE INGRESSO AO MAHAYANA, O PRINCIPAL CAMINHO PARA O ESTADO DE ILUMINAÇÃO

Bodhichitta é uma mente que possui duas aspirações: o desejo de beneficiar diretamente todos e cada um dos seres vivos todos os dias, e o desejo de nós próprios alcançarmos a iluminação para esse propósito. A mente que espontaneamente deseja alcançar a iluminação com o único propósito de libertar permanentemente todos os seres vivos do sofrimento é bodhichitta. Quando geramos essa preciosa mente, tornamo-nos um Bodhisattva e somos chamados de "Filho, ou Filha, de Buda". Porque a mente compassiva da bodhichitta abre-nos a porta para o Caminho Mahayana, ela é denominada "a porta de ingresso no Caminho Mahayana".

Para obter a realização da bodhichitta, precisamos nos esforçar para praticá-la. É impossível que uma mente preciosa como essa surja naturalmente, sem treino. Como devemos praticá-la? Je Tsongkhapa diz:

Je Tsongkhapa e seus dois Filhos
descendo da Terra Pura de Tushita

Rega o solo da equanimidade com a água do amor, e planta nele a semente da compaixão. Disso, surgirá a árvore medicinal da bodhichitta.

Neste contexto, "o solo da equanimidade" refere-se ao amor afetuoso que observa todos os seres vivos, "a água do amor" refere-se ao amor apreciativo que observa todos os seres vivos, e "a árvore medicinal" refere-se à realização da bodhichitta.

Assim, há quatro etapas para a prática da bodhichitta:

1. A prática do amor afetuoso;
2. A prática do amor apreciativo;
3. A prática da grande compaixão;
4. A prática da bodhichitta propriamente dita.

COMO PRATICAR AMOR AFETUOSO

Para gerar a realização do amor afetuoso que observa todos os seres vivos, contemplamos como segue.

Em geral, o Tantra Ioga Supremo é conhecido como o caminho rápido à aquisição da iluminação; mas, nos Sutras, o que é explicado como sendo o caminho rápido à iluminação é a mente espontânea da compaixão que observa todos os seres vivos. Se tivermos essa mente, então, através de seu poder, nunca desperdiçaremos um único momento sequer, mas iremos nos aproximar mais e mais, momento a momento, dia e noite, da aquisição da iluminação. Com uma mente compassiva como essa, seremos como o Geshe Kadampa Chekhawa: mesmo que desejássemos ir aos reinos do inferno em nossa próxima vida, renasceríamos definitivamente na Terra Pura de um Buda pelo poder do nosso carma puro e da nossa mente pura. Devemos contemplar:

Todos os Budas anteriores alcançaram o estado de iluminação na dependência da realização da compaixão por todos os seres vivos, e o mesmo irá acontecer para todos os Budas futuros.

Alcançar a iluminação é o propósito principal de se ter obtido esta vida humana atual; portanto, preciso alcançar a iluminação, a Budeidade.

Geramos fortemente esse pensamento e, então, pensamos:

Visto que alcançar a iluminação depende de gerar a realização da compaixão, isso é impossível sem um objeto de compaixão. Somente os seres vivos podem atuar como esse objeto.

Por essa razão, para mim, todos os seres vivos são meus Guias Espirituais, que estão me conduzindo ao Caminho Mahayana por atuarem como objetos da minha compaixão.

Eles são, também, todas as minhas bondosas mães de minhas vidas anteriores.

Compreendendo e contemplando tudo isso, geramos, do fundo do nosso coração, a mente que se sente muito próxima, calorosa e feliz com relação a todos os seres vivos, igualmente. Isso é amor afetuoso por todos os seres vivos. Transformamos então nossa mente nesse amor afetuoso e meditamos continuamente nele, até desenvolvermos a mente que, espontaneamente, sente-se muito próxima, calorosa e feliz com todos os seres vivos, igualmente. Quando desenvolvemos esse amor afetuoso, nossa mente é então permeada de amor puro por todos os seres vivos, e esse amor puro torna nossa mente pacífica e equilibrada, livre da raiva e do apego. Assim, esse amor afetuoso é também denominado "equanimidade".

Se tivermos em nossa consciência o solo da equanimidade – o amor afetuoso que observa todos os seres vivos – será muito fácil desenvolver as demais realizações de amor apreciativo, grande compaixão e bodhichitta. Explicações detalhadas sobre treinar amor apreciativo, grande compaixão e bodhichitta podem ser encontradas no livro *Budismo Moderno* e em outros textos de Lamrim.

Em resumo, o Lamrim e o Lojong, juntamente com o estágio de geração, são as preliminares ao Mahamudra. A prática principal propriamente dita do Mahamudra é a prática do estágio de conclusão. O verdadeiro Mahamudra é uma realização superior do estágio de conclusão – a união de grande êxtase e vacuidade, a clara-luz-significativa.

Há duas maneiras de praticar o Lamrim e o Lojong como preliminares ao Mahamudra: a extensa e a condensada. A prática extensa é feita de acordo com os excelentes textos do Lamrim e do Lojong, como mencionado acima.

A prática condensada é feita de acordo com a *Prece das Etapas do Caminho*, ou com as preces que solicitam as bênçãos das etapas do caminho em *Oferenda ao Guia Espiritual*, ou com a prece de pedidos das etapas do caminho de Sutra e de Tantra em *As Centenas de Deidades da Terra Alegre de Acordo com o Tantra Ioga Supremo: o Guru-Ioga de Je Tsongkhapa como uma Prática Preliminar ao Mahamudra*.

Fazemos esses pedidos enquanto fazemos meditação analítica no Lamrim, Lojong, estágio de geração e estágio de conclusão. Por exemplo, podemos compreender a maneira condensada de praticar bodhichitta a partir da estrofe de *Oferenda ao Guia Espiritual*:

Para o bem de todos os seres sencientes-mães,
Vou me tornar o Guru-Deidade
E, então, conduzirei cada ser senciente
Ao estado supremo do Guru-Deidade.

Essa é a maneira de gerar bodhichitta de acordo com o Tantra Ioga Supremo. No verso "Vou me tornar o Guru-Deidade", o Guru-Deidade é o nosso Guru-Deidade pessoal. Para os praticantes kadampa modernos, seu Guru-Deidade é Guru Heruka. A razão disso é porque sua prática principal de Tantra Ioga Supremo é a prática de Heruka Pai e Mãe. Por contemplar o significado da estrofe acima, devemos gerar a mente de bodhichitta de acordo com o Tantra Ioga Supremo e meditar nela.

O SEGUNDO GRANDE GUIA PRELIMINAR, TREINAR A PRÁTICA DE PURIFICAÇÃO, A PORTA DE INGRESSO PARA PURIFICAR AÇÕES NÃO VIRTUOSAS E OBSTRUÇÕES

Como resultado das ações não virtuosas de terem rejeitado, em vidas anteriores, o valor de Buda, do Dharma e da Sangha, os animais não têm oportunidade de ouvir ou de praticar o Dharma.

Embora nós, seres humanos, tenhamos tal oportunidade, a grande maioria não tem interesse algum pelo Dharma. E, aqueles que têm realmente algum interesse sentem, quando ouvem o Dharma, dificuldade para compreender o seu significado; quando contemplam, não desenvolvem alegria; e, quando meditam, não desenvolvem realização alguma. Por experienciarem muitos obstáculos externos e internos, tornam-se incapazes ou inábeis para praticar o Dharma puramente. Tudo isso também é o resultado das ações não virtuosas de terem rejeitado, em vidas passadas, o valor de Buda, do Dharma e da Sangha.

Ações não virtuosas são as causas principais de todo o nosso sofrimento nesta vida e nas incontáveis vidas futuras; além disso, as ações não virtuosas são, especificamente, os principais obstáculos para obtermos realizações de Dharma. Por essa razão, precisamos, definitivamente, purificá-las através da prática de purificação. Buda ensinou muitos métodos diferentes para purificar ações não virtuosas, quedas morais e compromissos quebrados, mas o método supremo é a prática da meditação e recitação de Vajrasattva. Essa prática é um método científico para purificar nossa mente e transformá-la, de uma mente impura em uma mente pura, usando tecnologia tântrica.

Todos os Budas aparecem, especificamente, na forma de Vajrasattva para purificar a mente de todos os seres vivos. Por essa razão, a prática da meditação e recitação de Vajrasattva é superior às demais práticas de purificação. Devemos praticar a meditação e recitação de Vajrasattva seguindo a sadhana – a prece ritual para obter as aquisições espirituais de Vajrasattva. Uma prática simples e essencial para obter as aquisições espirituais de Vajrasattva pode ser encontrada na Parte Três deste livro.

Nessa prática de purificação, é muito importante praticar sinceramente os quatro poderes oponentes, que são: o poder do arrependimento, o poder da confiança, o poder da força oponente e o poder da promessa. Explicações detalhadas sobre os quatro poderes oponentes podem ser encontradas nos livros *Caminho Alegre da Boa Fortuna* e *O Voto Bodhisattva*.

O TERCEIRO GRANDE GUIA PRELIMINAR, TREINAR A PRÁTICA DA OFERENDA DE MANDALA, A PORTA DE INGRESSO PARA ACUMULAR A COLEÇÃO DE MÉRITO E ALCANÇAR UMA TERRA PURA ILUMINADA

Em geral, a prática de acumular a coleção de mérito é muito extensa. No entanto, neste contexto, há um grande significado em dar uma explicação à parte sobre a prática de fazer oferendas de mandala. Aqui, "mandala" significa uma Terra Pura Búdica gerada através do poder de imaginação correta.

A prática da oferenda de mandala é um método científico para alcançar a Terra Pura de um Buda. Ela contém a prática das quatro completas purezas mencionadas nos ensinamentos tântricos: a completa pureza de *mundos*, a completa pureza de *corpo*, a completa pureza de *prazeres* e a completa pureza de *atividades*. Para praticantes qualificados, a prática da oferenda de mandala é muito profunda e poderosa, e aquisições são rapidamente obtidas. Por essa razão, para mostrar um bom exemplo aos outros, Je Tsongkhapa fez da oferenda de mandala uma de suas práticas principais.

Como oferecemos o mandala? Por meio de imaginação correta, interrompemos nossa aparência de mundos impuros, de seus habitantes e prazeres, e acreditamos que *toda aparência* de mundos, de seus habitantes e prazeres *aparece* como os mundos, habitantes e prazeres de uma Terra Búdica. Desse modo geramos, por meio de imaginação correta, uma nova Terra Pura Búdica, e oferecemos essa nova Terra Pura Búdica à assembleia de Deidades do Guru-Deidade. O objeto principal – o Guru-Deidade – a quem fazemos a oferenda é Guru Heruka. Ele é também nosso Guia Espiritual, Je Tsongkhapa e Buda Shakyamuni, e, por essa razão, ele é chamado "Guru Sumati Buda Heruka".

Em resumo, oferecer o mandala significa oferecer uma Terra Pura gerada pelo poder de imaginação correta. Não há diferença alguma entre oferecer uma Terra Pura gerada pelo poder de imaginação correta e oferecer uma Terra Pura real – ambas são meras aparências à mente. Se temos uma mente pura, ambas existem; e, se não temos uma mente pura, nenhuma delas existe.

É dito que uma pessoa que tenha forte fé e que, com imaginação correta, pratica o Tantra continuamente, pode alcançar realizações tântricas facilmente. Algumas vezes, vemos pessoas que têm muita fé e que, exteriormente, parecem ser tolas e ignorantes e não ter muito conhecimento, mas que, na verdade, alcançaram elevadas realizações tântricas por força de grande fé e imaginação. Geshe Kadampa Jayulwa, por exemplo, dispendia todo o seu tempo em serviço a seu Guia Espiritual e, por essa razão, não tinha tempo para ouvir Dharma extensivamente ou para meditar; mas, como suas práticas de fé e de imaginação correta eram extremamente poderosas, como resultado ele obteve elevadas realizações. Isso era amplamente reconhecido pelos eruditos de seu tempo.

Não existe algo como uma Terra Pura que exista do lado do objeto – Terra Pura é, meramente, uma aparência para uma mente pura. Igualmente, não existe algo como um mundo impuro que exista do seu próprio lado – um mundo impuro é, meramente, uma aparência para uma mente impura.

Se nossa mente é impura, somos um ser impuro, e se nossa mente é pura, somos um ser puro. Em *Ornamento da Clara Realização*, Buda Maitreya diz:

> Mundos impuros desenvolvem-se porque os seres vivos são impuros. Isso prova que podemos alcançar um mundo puro, ou Terra Pura de Buda, por meio de nos tornarmos um ser puro.

Isso mostra de modo muito claro que, se realmente temos o desejo de nascer em uma Terra Pura, precisamos purificar nossa mente e torná-la pura e limpa. Limpamos nosso corpo todos os dias, considerando isso como algo importante; porém, quão mais importante será tornar nossa mente limpa e pura, visto que é assim que experienciaremos tudo como puro, incluindo o mundo?

Como podemos alcançar a Terra Pura de um Buda? Pelo poder da fé e de imaginação correta, interrompemos todas as nossas aparências de um mundo impuro, animado e inanimado, e geramos todas as nossas aparências como um mundo puro, animado e inanimado. Se meditarmos continuamente nessa geração, então, através dessa prática, nossa mente irá se tornar pura e nós, um ser puro; desse modo, seremos capazes de alcançar a Terra Pura de um Buda.

A prática de alcançar a Terra Pura de um Buda, que acaba de ser explicada, está incluída na prática de oferecer o mandala. Se nascermos na Terra Pura de um Buda na dependência dessa prática, no que diz respeito aos nossos objetivos, isso será quase o equivalente a termos nos tornado um Buda.

Uma explicação geral extensa sobre como oferecer o mandala pode ser compreendida a partir das explicações claras que estão nos textos de Lamrim.

O QUARTO GRANDE GUIA PRELIMINAR, TREINAR GURU-IOGA, A PORTA DE INGRESSO PARA RECEBER BÊNÇÃOS

Oferenda ao Guia Espiritual, ou *Lama Chopa*, é normalmente considerado como o Guru-Ioga que é a prática preliminar ao Mahamudra. Ele foi escrito pelo primeiro Panchen Lama, Losang Chokyi Gyaltsen, que foi uma emanação de Buda Amitabha aparecendo sob uma forma humana. A maneira de praticar esse Guru-Ioga foi explicada no livro *Grande Tesouro de Mérito*, um comentário à *Oferenda ao Guia Espiritual.*

O Guru-Ioga de *As Centenas de Deidades da Terra Alegre*, que foi extraído da *Escritura Emanação Ganden*, também pode ser utilizado como prática preliminar ao Mahamudra. Isso não é tão amplamente conhecido e precisa ser compreendido por meio das instruções dos Gurus da Linhagem Oral Ganden.

Há duas maneiras de praticar o Guru-Ioga de *As Centenas de Deidades da Terra Alegre*: de acordo com o Sutra e de acordo com o Tantra Ioga Supremo. Elas diferem na maneira de visualizar o ser-de-compromisso principal do Campo de Mérito. De acordo com o Tantra Ioga Supremo, o ser-de-compromisso principal do Campo de Mérito deve ser visualizado como Je Tsongkhapa, com Buda Shakyamuni em seu coração, e Heruka Pai e Mãe no coração de Buda Shakyamuni. Esse ser-de-compromisso principal do Campo de Mérito é chamado "Guru Sumati Buda Heruka". Neste contexto, "Guru" significa nosso próprio Guru-raiz, "Sumati" refere-se a Losang Dragpa (o nome de ordenação de Je Tsongkhapa), e "Buda" refere-se a Buda Shakyamuni.

Podemos compreender isso através da seguinte explicação. Embora Buda Shakyamuni apareça em um aspecto diferente, na realidade ele é Conquistador Vajradhara Heruka; embora Je Tsongkhapa apareça em um aspecto diferente, na realidade ele é Buda Shakyamuni; e embora nosso Guia Espiritual apareça em um aspecto diferente, na realidade ele é Je Tsongkhapa. Esses Gurus são, simplesmente, uma única pessoa aparecendo em diferentes aspectos, do mesmo modo que um ator pode aparecer sob diferentes aspectos ao interpretar diferentes papéis, enquanto, na verdade, é a mesma pessoa. Por reconhecer, ou considerar, nosso Guia Espiritual desse modo e, com base nisso, praticar este Guru-Ioga, receberemos poderosas bênçãos muito rapidamente. Isso é comprovado pela experiência de muitos praticantes, incluindo eu mesmo.

Como mencionado acima, este Guru-Ioga de acordo com o Tantra Ioga Supremo difere do Guru-Ioga que é praticado de acordo com o Sutra principalmente no que diz respeito à visualização do ser-de-compromisso principal do Campo de Mérito; não há diferença alguma no restante das práticas, desde *convidar os seres-de-sabedoria* até a *dedicatória*. A prática deste Guru-Ioga é uma instrução muito abençoada e fácil de ser praticada. Por essa razão, podemos utilizá-la como uma prática preliminar ao Mahamudra em todas as nossas sessões.

Qual a relação entre a prática do Mahamudra e seus quatro grandes guias preliminares? A prática do Mahamudra é como um carro com suas quatro rodas. Na dependência dele, podemos viajar velozmente ao solo da União da Budeidade. As quatro preliminares são como as rodas do carro. Se faltar qualquer uma das rodas, o carro não será capaz de funcionar; e, do mesmo modo, se faltar qualquer uma das quatro preliminares, não seremos capazes de viajar ao solo de Buda pela prática do Mahamudra.

Portanto, se realmente temos o desejo de obter libertação permanente dos sofrimentos do samsara e de experienciar o êxtase último e supremo da iluminação na dependência da prática do Mahamudra, é muito importante que coloquemos grande esforço na prática dos quatro grandes guias preliminares. A função das práticas preliminares é, principalmente, acumular mérito, purificar não-virtudes e receber bênçãos. Por essa razão, precisamos praticar todos os dias essas preliminares junto com nossas atividades diárias, quando não estamos em sessão de meditação.

Normalmente, concluir os quatro grandes guias preliminares significa que, na prática de refúgio, acumulamos – ou coletamos – cem mil preces de refúgio; na prática da meditação e recitação de Vajrasattva, acumulamos cem mil mantras de Vajrasattva; na prática de fazer oferendas de mandala, acumulamos cem mil oferendas de mandala; e na prática de Guru-Ioga, acumulamos cem mil preces de pedidos *Migtsema*. Orientações para praticar os quatro grandes guias preliminares ao Mahamudra podem ser encontradas no Apêndice I.

Como praticar *As Centenas de Deidades da Terra Alegre de Acordo com o Tantra Ioga Supremo* está explicado a seguir. Começamos recitando o seguinte, enquanto contemplamos o significado:

> No espaço a minha frente, aparece meu Guru-raiz (Guru Sumati Buda Heruka) rodeado por todos os Budas das dez direções.

Meditamos brevemente nos objetos de refúgio e nos seres-de--compromisso do Campo de Mérito, gerados pelo poder de imaginação correta.

Então, contemplamos e prometemos o seguinte:

Ó Gurus, Budas e Bodhisattvas, por favor, ouvi-me.
Eu e todos os seres vivos-mães, tão extensos quanto o espaço,
Doravante, até que alcancemos a iluminação,
Buscamos refúgio nas Três Joias Preciosas – Buda, Dharma
e Sangha.

Ao recitar essa promessa três vezes, tomamos os votos de refúgio mahayana.

Depois, contemplamos e pensamos:

Para o bem de todos os seres sencientes-mães,
Vou me tornar o Guru-Deidade
E, então, conduzirei cada ser senciente
Ao estado supremo do Guru-Deidade.

Ao recitar essa promessa três vezes, geramos bodhichitta e tomamos o voto bodhisattva de acordo com o Tantra Ioga Supremo.

Recitamos, então:

Do coração do Protetor das centenas de Deidades da Terra
Alegre,
Ao topo de uma nuvem como coalhada branca e fresca,
Ó Todo-Conhecedor Losang Dragpa, Rei do Dharma,
Por favor, vem a este lugar juntamente com teus Filhos.

Contemplamos que os seres-de-sabedoria que convidamos se dissolvem nos seres-de-compromisso e que eles se tornam inseparavelmente *unos*.

Recitamos então as demais estrofes, como normalmente fazemos, e contemplamos seu significado – desde o verso "*No espaço a minha frente, sobre um trono de leões, lótus e lua*" até a *dedicatória*, inclusive. Depois, fazemos uma oferenda de mandala longo ou breve. Recitamos então, sete vezes ou mais, a prece de pedidos *Migtsema* de acordo com o Tantra Ioga Supremo.

Depois, meditamos brevemente no Lamrim, Lojong e nos dois estágios do Tantra Ioga Supremo, ao mesmo tempo que recitamos a prece *Pedidos ao Senhor de Todas as Linhagens* (ver páginas 70–76). Não recitamos apenas as palavras, mas focamo-nos no significado de cada etapa do caminho, com forte concentração. Se fizermos isso todos os dias, em duas, três ou quatro sessões, não irá demorar muito para que, pelo poder dessa meditação, desenvolvamos realizações do Lamrim do Sutra e do Lamrim do Tantra, por inteiros. Esse é um conselho muito importante, que deve ser guardado em nosso coração.

Após isso, recitamos:

Ó Glorioso e precioso Guru-raiz,
Por favor, senta-te no lótus e lua em meu coração.
Por favor, cuida de mim com tua grande bondade
E concede-me as bênçãos de teu corpo, fala e mente.

Como resultado desse pedido, todos os Budas das dez direções no espaço em frente convertem-se em luz e dissolvem-se em Je Tsongkhapa. Je Tsongkhapa, por sua vez, converte-se em luz e dissolve-se em Buda Shakyamuni, que está no coração de Je Tsongkhapa. Buda Shakyamuni então converte-se em luz e dissolve-se em Heruka, que está no coração de Buda Shakyamuni.

Com deleite, Guru Heruka vem até a nossa coroa e permanece no centro da nossa roda-canal da coroa. Luzes irradiam-se do corpo de Guru Heruka e abençoam os canais, ventos e gotas em nossa coroa.

Então, recitamos:

Ó Glorioso e precioso Guru-raiz,
Por favor, senta-te no lótus e lua em meu coração.
Por favor, cuida de mim com tua grande bondade
E confere-me as aquisições comuns e a suprema.

Como resultado desse pedido, Guru Heruka vem até a nossa garganta e permanece no centro da nossa roda-canal da garganta. Luzes irradiam-se do corpo de Guru Heruka e abençoam os canais, ventos e gotas em nossa garganta.

Então, recitamos:

Ó Glorioso e precioso Guru-raiz,
Por favor, senta-te no lótus e lua em meu coração.
Por favor, cuida de mim com tua grande bondade
E permanece firme até que eu alcance a essência da
iluminação.

Como resultado desse pedido, Guru Heruka vem até o nosso coração e permanece no centro da nossa roda-canal do coração. Luzes se irradiam do corpo de Guru Heruka e abençoam os canais, ventos e gotas em nosso coração.

Então, a mente de clara-luz de grande êxtase de Heruka funde-se inseparavelmente com a nossa mente. Pelo poder disso, nossa mente transforma-se na natureza da mente de clara-luz de grande êxtase de Heruka. Desse modo, através de fundir nossa mente com a mente de Heruka por meio de imaginação correta, geramos nossa mente como sendo a mente de Heruka. Devemos recordar que realizações tântricas podem ser alcançadas por meio de imaginação correta. Pensamos:

Fundir minha mente com a mente de Heruka é um método poderoso para purificar permanentemente minha aparência e concepções comuns. Manterei essa experiência dia e noite.

A PRÁTICA PROPRIAMENTE DITA DO MAHAMUDRA

O Mahamudra propriamente dito tem duas partes: grande êxtase (como explicado no Tantra) e vacuidade (como explicado no Sutra). A união desse grande êxtase com a vacuidade é o Mahamudra propriamente dito.

Quando, por força de meditação, nossa mente de grande êxtase torna-se *una* com a vacuidade, isto é a união de grande êxtase e vacuidade. Quando, durante uma iniciação de Tantra Ioga Supremo, recebemos a quarta iniciação (a iniciação da palavra), o Guia Espiritual explica verbalmente o significado de *união*, razão pela qual a quarta iniciação é denominada "a iniciação da palavra". Embora ouçamos de nosso Guia Espiritual essa instrução verbal, muitas pessoas não têm compreensão alguma, pois essa união é muito sutil e profunda.

O grande êxtase tem de ser alcançado na dependência de aplicarmos habilidosamente os métodos do estágio de conclusão – tais como penetrar o corpo-vajra – como será explicado em detalhes a seguir.

A vacuidade é a verdadeira natureza de todos os fenômenos; ela é um objeto profundo e muito significativo. É impossível obter libertação permanente do sofrimento sem compreender o real significado da vacuidade. No entanto, porque o real significado da vacuidade não é fácil de ser compreendido, muitas pessoas preferem ignorar o valor de compreendê-la. A maioria das pessoas tem suas mentes completamente repletas de confusão em relação à vacuidade. Assim, quão afortunados somos, pois podemos encontrar nos ensinamentos de Je Tsongkhapa uma explicação clara, inequívoca e completa sobre o significado da vacuidade.

A prática propriamente dita do Mahamudra possui cinco etapas:

1. Tendo identificado nossa própria mente, meditar no tranquilo-permanecer;
2. Tendo realizado a vacuidade, meditar na visão superior;
3. Meditar no canal central, o ioga do canal central;
4. Meditar na gota indestrutível, o ioga da gota;
5. Meditar no vento indestrutível, o ioga do vento.

Devemos saber que precisamos identificar nossa própria mente, nosso próprio corpo e nosso *self* corretamente. Desde tempos sem início, nossa maneira de identificar nosso *self* tem sido equivocada. Acreditamos que o nosso *self* que normalmente percebemos é o nosso *self*. Essa crença é ignorância, pois o nosso *self* que normalmente

Manjushri

percebemos não existe. Isso será explicado em detalhes a seguir. Devido a essa ignorância, desenvolvemos e experienciamos vários tipos de aparência equivocada e, por causa disso, experienciamos diversos tipos de sofrimentos e problemas, semelhantes a alucinações, por toda esta vida e vida após vida, numa sequência sem fim. Por outro lado, se identificarmos nosso *self* como uma mera aparência que não é nada além que a vacuidade de todos os fenômenos – a mera ausência de todos os fenômenos que normalmente vemos ou percebemos – nossa aparência equivocada irá reduzir e, por fim, cessará por completo. Experienciaremos então, automaticamente, a felicidade última da iluminação.

TENDO IDENTIFICADO NOSSA PRÓPRIA MENTE, MEDITAR NO TRANQUILO-PERMANECER

Este tópico tem duas partes:

1. As etapas de identificar nossa própria mente;
2. A meditação propriamente dita no tranquilo-permanecer.

AS ETAPAS DE IDENTIFICAR NOSSA PRÓPRIA MENTE

Em um Sutra, Buda diz:

> Se realizares tua própria mente, irás te tornar um Buda; não precisas buscar a Budeidade em nenhum outro lugar.

O verdadeiro sentido desse Sutra pode ser compreendido a partir das instruções do Tantra Ioga Supremo, a seguir.

Podemos identificar nossa própria mente em três níveis: identificar nossa mente densa, identificar nossa mente sutil e identificar nossa mente muito sutil. A mente que temos agora, neste exato momento em que não estamos dormindo, que percebe ou compreende diversos tipos de objetos, é a nossa mente densa. Ela não é difícil de ser identificada ou conhecida. A mente que temos durante os sonhos, que vê ou percebe diversos tipos de objetos oníricos, é a nossa mente sutil. A mente sutil é difícil de ser identificada ou conhecida. Quando todas as nossas mentes densas e sutis cessam, por força dos ventos interiores densos e sutis se dissolverem no canal central, uma mente denominada "clara-luz" então se manifesta – essa é a nossa mente muito sutil. Essa mente é muito difícil de ser identificada ou conhecida. Quando identificamos, ou realizamos, de modo direto essa mente muito sutil, isso efetivamente não é diferente de estarmos iluminados. Este é o significado das palavras do Sutra citadas acima.

Em geral, é dito que o significado – ou definição – de mente é "*clareza* e *cognição*". "Clareza" é a natureza da mente, e "cognição" é sua função.

Agora, se alguém nos perguntasse o que significa *clareza*, como responderíamos? Eu não encontrei ninguém que pudesse dar uma resposta clara. Quando eu estava no monastério, não encontrei respostas satisfatórias nos livros de estudo. Somente mais tarde, quando estava em retiro nas montanhas, compreendi claramente o significado de *clareza* a partir de um texto de Mahamudra. Pensei "Este texto, que é uma verdadeira instrução oral, é maravilhoso", e desenvolvi um profundo sentimento de alegria. Agora, tenho confiança para explicar claramente o significado de *clareza*.

O significado, ou definição, de *clareza* é: algo que é vazio semelhante ao espaço, que nunca pode possuir forma e que é a base para perceber objetos.

Espaço, por exemplo, é vazio por natureza, e, por essa razão, dizemos "vazio semelhante ao espaço". Porém, o espaço pode possuir forma, já que ele pode ter formato e cor. Durante o dia, o espaço pode ser claro, luminoso, e durante a noite ele pode ser escuro. Portanto, espaço não é *clareza*.

Vacuidade é também "vazia semelhante ao espaço" e, também, nunca pode possuir forma, mas ela não pode ser uma base para perceber objetos; portanto, vacuidade não é *clareza*.

Somente a mente pode ser *clareza*. Não existe nenhuma outra natureza convencional da mente além de *clareza*.

Se, tendo compreendido isso, quando tentarmos então identificar nossa própria mente, compreendermos de modo muito claro algo que seja vazio semelhante ao espaço, que nunca pode possuir forma e que é a base para perceber objetos, teremos reconhecido, ou identificado, nossa própria mente. Nesse momento, teremos encontrado o objeto de meditação do tranquilo-permanecer que observa a mente.

Na prática do Mahamudra, precisamos alcançar o tranquilo-permanecer através de observar a nossa própria mente. Há muitas razões para isso, que serão explicadas abaixo. Para cumprir esse propósito, é muito importante identificar a própria mente, por meio de confiar nas instruções sobre identificar nossa própria mente dadas acima.

A MEDITAÇÃO PROPRIAMENTE DITA NO TRANQUILO-PERMANECER

Aqui, no contexto do Mahamudra, é necessário tomar a mente como o objeto de meditação do tranquilo-permanecer. Há muitos propósitos especiais pelos quais fazemos isso, mas, primeiro, precisamos afastar uma dúvida.

É possível que se diga que, se o objeto de meditação for a mente, e que se o que está meditando também é a mente, então, a mente seria conhecedora de si mesma; e, assim sendo, existiriam autoconhecedores, o que contradiz a visão *Madhyamika-Prasangika*. Há um equívoco nesse raciocínio, pois a mente *que é o objeto de meditação* e a mente *que está meditando* não são a mesma mente. A mente que é o objeto de meditação é a nossa própria mente muito sutil, e a mente que está meditando é a nossa mente densa. Portanto, é a mente densa que está meditando na mente muito sutil.

A maneira de meditar efetivamente no tranquilo-permanecer é a seguinte. Em nossas sessões, empenhamo-nos primeiramente na prática de Guru-Ioga, usando *As Centenas de Deidades da Terra Alegre de Acordo com o Tantra Ioga Supremo* ou *Oferenda ao Guia Espiritual*, desde buscar refúgio até dissolver o Guru em nosso coração. Depois, precisamos encontrar o objeto de meditação do tranquilo-permanecer.

Para fazer isso, desenvolvemos, pelo poder da mente de grande êxtase de Guru Heruka ter-se misturado inseparavelmente com a nossa própria mente, um sentimento de grande alegria. Então, com esse sentimento de alegria, procuramos identificar nossa própria mente muito sutil, recordando as instruções que foram dadas com esse objetivo, explicadas anteriormente.

Como foi explicado, a mente que é o objeto de meditação é a nossa mente muito sutil. Quando investigamos para ver com o que a nossa mente muito sutil se parece, essa investigação significa *procurar*, ou *buscar até encontrar*, o objeto de meditação. Quando, por procurar dessa maneira, percebermos claramente nossa mente muito sutil como sendo algo que é vazio como o espaço, que nunca pode possuir forma e que é a base para perceber objetos, teremos encontrado o objeto de meditação do tranquilo-permanecer.

Em geral, o significado do termo *tranquilo-permanecer* é o seguinte: "tranquilo" significa que nossa mente está livre de distrações voltadas para objetos exteriores, e "permanecer" significa que nossa mente se mantém, ou permanece, estritamente focada em um objeto virtuoso. Portanto, falando de modo bastante amplo, pode-se dizer que o tranquilo-permanecer é uma mente livre de distrações em relação a objetos exteriores, que permanece estritamente focada em um objeto virtuoso. Esse nível não é difícil de alcançar.

Mais precisamente, o tranquilo-permanecer é uma concentração que possui o êxtase especial da maleabilidade física e mental, que é obtida na dependência da conclusão de nove níveis de concentração – as nove permanências mentais. O tranquilo-permanecer é uma mente sutil, muito tranquila. Ela é capaz de apaziguar a raiva, o apego e demais delusões, incluindo o agarramento ao em-si dos seres do reino do desejo e do reino da forma. O tranquilo-permanecer é uma causa para se obter clarividência e poderes miraculosos, e funciona também como a causa de renascimento como um deus nos reinos superiores.

Entretanto, obter clarividência e poderes miraculosos ou tomar renascimento como um deus nos reinos superiores não é de importância essencial. O propósito principal de meditar no tranquilo-permanecer é alcançar libertação permanente dos sofrimentos do samsara e obter o êxtase da Budeidade para nós próprios e para os outros.

É especialmente importante saber que, na prática do Mahamudra, alcançamos o tranquilo-permanecer através de observar a nossa própria mente muito sutil. O propósito disso é que, quando obtivermos a concentração da quarta permanência mental que observa a nossa própria mente muito sutil, seremos então capazes de, na dependência da prática do ioga de dormir, identificar nossa clara-luz do sono e transformá-la na clara-luz-exemplo última e, então, gradualmente, na clara-luz-significativa. Depois disso, é absolutamente certo que alcançaremos muito rapidamente a União da Budeidade iluminada. Assim, podemos compreender que a maneira de realizar o tranquilo-permanecer, de acordo com a prática do Mahamudra, é um método muito profundo e habilidoso.

As ramificações do tranquilo-permanecer – ou seja, as condições exteriores e interiores para a obtenção do tranquilo-permanecer – estão explicadas extensivamente nos livros *Caminho Alegre da Boa Fortuna* e *Guia do Estilo de Vida do Bodhisattva*. Tendo compreendido claramente essas explicações, é muito importante manter as condições exteriores e interiores para obter o tranquilo-permanecer. Então, não será difícil obter o tranquilo-permanecer, apesar de as pessoas destes tempos atuais serem muito distraídas.

Se estivermos qualificados na meditação do tranquilo-permanecer conforme os ensinamentos de Mahamudra, então, quando alcançarmos a concentração da quarta permanência mental que observa a nossa mente muito sutil, essa concentração terá a mesma função que o tranquilo-permanecer propriamente dito, explicado nos ensinamentos de Sutra. A razão disso é que o poder das bênçãos das instruções sobre o tranquilo-permanecer – explicadas nos ensinamentos de Mahamudra – bem como a maneira de meditar são, ambos, superiores a outros métodos. Portanto, até que alcancemos a concentração da quarta permanência mental que observa a mente muito sutil, precisaremos aplicar grande esforço.

COMO TREINAR A MEDITAÇÃO DO TRANQUILO-PERMANECER QUE OBSERVA A MENTE MUITO SUTIL

Relembrando nossa experiência anterior de nossa mente fundindo-se com a mente de grande êxtase de Guru Heruka, desenvolvemos um sentimento de grande alegria. Então, pensamos:

> *Com o que minha mente muito sutil se parece?*

Recordamos as instruções dadas anteriormente sobre como identificar a mente e como compreender o que é *clareza* e, então, aplicamos essas instruções para identificar nossa mente muito sutil. Contemplamos:

> *Minha mente muito sutil é clareza porque ela é mente; portanto, ela é algo que é vazio semelhante ao espaço, que nunca pode possuir forma e que é a base para perceber objetos.*

Contemplamos desse modo muitas e muitas vezes, sem distrações. Quando, através dessa contemplação, percebermos claramente nossa mente muito sutil como algo que é vazio semelhante ao espaço, que nunca pode possuir forma e que é a base para perceber objetos, teremos identificado nossa própria mente muito sutil que é o objeto do tranquilo-permanecer que observa a nossa própria mente muito sutil. Mantemos essa mente muito sutil e, sem esquecê-la, meditamos estritamente focados nela, por um breve período. Se nos esquecermos do objeto de meditação, devemos relembrá-lo novamente e meditar nele.

Por força de praticar muitas e muitas vezes dessa maneira, todos os dias, obteremos uma familiaridade estável com a percepção de nossa própria mente muito sutil. Com essa familiaridade, focamos nossa mente em nossa própria mente muito sutil e meditamos estritamente focados nela. Essa meditação é a primeira permanência mental, denominada "posicionamento da mente".

Meditamos, então, continuamente com a concentração da primeira permanência mental e, sempre que nos esquecermos do objeto de meditação, recordamo-nos novamente dele e meditamos nele. Por praticar muitas e muitas vezes dessa maneira, todos os dias, seremos capazes de manter nossa meditação em nossa própria mente muito sutil por, pelo menos, cinco minutos, sem nos esquecermos dela, toda vez que a praticarmos. Essa meditação é a segunda permanência mental, denominada "contínuo-posicionamento".

Meditamos, então, continuamente com a concentração da segunda permanência mental. Toda vez que a mente se desviar e nos esquecermos do objeto de meditação – nossa mente muito sutil – recordamo-nos novamente dele e meditamos nele. Por força de nossa familiaridade, surgida de praticarmos muitas e muitas vezes dessa maneira, todos os dias, por fim obteremos uma concentração que é capaz de recordar imediatamente o objeto de meditação sempre que o esquecermos. Essa concentração é a terceira permanência mental, denominada "reposicionamento".

Meditamos, então, continuamente com a concentração da terceira permanência mental. Porque essa concentração é capaz de recordar imediatamente o objeto de meditação assim que ele é esquecido, por fim obteremos, pelo poder da familiaridade surgida de meditar muitas e muitas vezes, todos os dias, uma concentração que nunca se esquece do objeto de meditação durante a sessão inteira. Essa concentração é a quarta permanência mental, denominada "estreito-posicionamento".

Neste ponto, nossa concentração é muito estável e nossa contínua-lembrança, muito forte. Devido a isso – e uma vez que tenhamos obtido a concentração da quarta permanência mental que observa a mente muito sutil – não haverá, da perspectiva de se alcançar os caminhos superiores, praticamente diferença alguma, de como se já tivéssemos alcançado o tranquilo-permanecer propriamente dito. Portanto, a partir deste estado, podemos nos empenhar na segunda etapa da prática propriamente dita do Mahamudra: tendo realizado a vacuidade, meditar na visão superior.

TENDO REALIZADO A VACUIDADE, MEDITAR NA VISÃO SUPERIOR

A prática da segunda etapa tem duas partes: realizar a vacuidade e meditar na visão superior. O texto-raiz do Mahamudra diz:

> Portanto, com respeito a isto, há dois sistemas:
> Buscar meditação sobre a base da visão correta,
> E buscar visão correta sobre a base da meditação.
> Aqui, estamos seguindo o segundo sistema.

A maneira de *buscar visão correta* sobre a base da meditação é: primeiro, obter a concentração do tranquilo-permanecer propriamente dito ou, pelo menos, a concentração da quarta permanência mental; e, depois, realizar a vacuidade fundamentados nessa meditação.

Como realizamos a vacuidade? Em geral, Buda ensinou muitos níveis diferentes do significado da vacuidade, de acordo com as diferentes capacidades mentais das pessoas. Foi Nagarjuna e seu discípulo, Chandrakirti, que explicaram a verdadeira intenção de Buda, e foi Je Tsongkhapa quem a clarificou de modo inequívoco.

A prática do Mahamudra é a instrução da linhagem oral. Ela possui muitas instruções que são particularmente superiores a outras, tais como:

- Como identificar o objeto negado pela vacuidade e como meditar na sua negação, vacuidade;
- Como meditar na visão superior como preparação para o Caminho da Visão que realiza diretamente a vacuidade;
- Como gerar a realização especial do Caminho da Visão, que é êxtase e vacuidade não duais.

Se tomarmos o primeiro desses três – como identificar o objeto negado pela vacuidade – podemos contemplar o significado das palavras do grande erudito e iogue Norsang Gyatso, citadas pelo primeiro Panchen Lama no autocomentário ao texto-raiz do Mahamudra, *Luz para Clarificação*. O sentido dessas palavras é o seguinte:

Embora existam muitos astros que sejam seguidores
do grande sol, Je Tsongkhapa,
Que diz que o grande Caminho do Meio – a vacuidade –
É a mera ausência de existência inerente,
Eles acreditam, em seus corações, que as coisas que
normalmente veem ou percebem existem verdadeiramente.
Coisas oníricas, como montanhas sonhadas e casas sonhadas,
E os cavalos e elefantes criados por mágicos,
São, todos, meras aparências para a mente –
Eles não existem verdadeiramente.
Do mesmo modo, todos os seres vivos, desde os deuses
até os seres-do-inferno,
E todos os fenômenos que normalmente vemos ou
percebemos
São, também, meras aparências para a mente –
Eles não existem verdadeiramente.
Se falharmos ao negar todas as coisas que normalmente
vemos ou percebemos,
Nossa visão da vacuidade será, simplesmente, nossa própria
criação;
Ela não terá função alguma para solucionar nosso problema
das delusões.

Porque podemos ter tido, anteriormente, grande interesse na vacuidade, lido muitos livros, feito muitas perguntas e recebido muitas respostas, se alguém agora nos perguntasse o que é a vacuidade, não precisaríamos pensar muito – responderíamos naturalmente "é o vazio de existência inerente", como se nós próprios tivéssemos realizado a vacuidade.

Em verdade, não somos como alguém que comeu sua porção e está satisfeito. O motivo disso é que somos incapazes de negar os fenômenos que normalmente vemos ou percebemos. Normalmente, apontamos para uma vacuidade que nega um objeto negado fabricado e dizemos "isso é vacuidade". Devemos saber que, por mais que analisemos isso, nunca nos afastaremos da visão incorreta. Por mais que meditemos em tal vacuidade, isso nunca irá nos ajudar a solucionar os problemas das delusões.

O *objeto negado* pela vacuidade propriamente dito são os fenômenos que normalmente vemos ou percebemos. Devemos saber isso por nossa própria experiência, através de aplicar grande esforço. Em geral, "vacuidade" significa a não-existência de algo. Por exemplo, quando dizemos "minha carteira está vazia", a palavra "vazia", aqui, é a não-existência de dinheiro em nossa carteira. De modo semelhante, quando dizemos "vacuidade", esse "vazio" é meramente a não-existência dos fenômenos que normalmente vemos ou percebemos.

Nos *Sutras Perfeição de Sabedoria*, está dito diretamente que todos os fenômenos não existem. O Sutra diz "não há forma, nem som, nem cheiro, nem sabor, nem objeto tátil, nem fenômeno", e não temos discordância alguma com Buda. Do mesmo modo, eu digo diretamente que todos os fenômenos que normalmente vemos ou percebemos não existem. Por que, então, vocês discordam de mim?

Eu não estou dizendo que todos os fenômenos não existem. Todos os fenômenos existem. A maneira pela qual existem é como um mero nome. Fenômeno algum existe que não seja um mero nome. Mas todos os fenômenos que normalmente vemos ou percebemos não existem, nem mesmo como mero nome, pois todos os fenômenos que normalmente vemos ou percebemos são uma aparência equivocada. Essa é uma razão conclusiva porque, se algo existe verdadeiramente, não há razão para que ele seja uma aparência equivocada e tampouco razão alguma para que seja falso.

No contexto do Mahamudra, seguindo a intenção de Nagarjuna, primeiramente é dada a instrução para realizar a vacuidade que é a ausência do em-si de pessoas e, depois, é dada a instrução para realizar a vacuidade que é a ausência do em-si de fenômenos.

COMO REALIZAR A VACUIDADE QUE É A AUSÊNCIA DO EM-SI DE PESSOAS

Devemos saber que, se o nosso *self* que normalmente percebemos existe, ele necessariamente precisa existir em nosso corpo, ou em nossa mente, ou como a coleção – ou conjunto – de nosso corpo e mente, ou em algum outro lugar que não esses. Ele não pode existir de nenhuma outra maneira. No *Sutra Perfeição de Sabedoria*, Buda disse: "Se procurares por teu corpo com sabedoria, não encontrarás nada". Isso implica que, se procurarmos pelo nosso *self*, ou *eu*, com sabedoria, não encontraremos nada.

Como colocamos essa instrução em prática? Contemplamos e pensamos:

> *Se meu corpo for o meu* self, *ou* eu, *então segue-se que, após a morte, porque o meu corpo se tornou não existente, o meu* self *também irá se tornar não existente e, portanto, não há vidas futuras. Visto que isso é impossível, fica claro que o meu corpo não é o meu* self, *ou* eu.

> *Se minha mente for o meu* self, *ou* eu, *então é um contrassenso pensar e dizer, como normalmente fazemos, "minha mente, minha mente", pois a minha mente é a* posse *e o meu* self *é o* possuidor, *e posse e possuidor não podem ser o mesmo. Portanto, é certo que minha mente não é o meu* self, *ou* eu.

> *Visto que o meu corpo e mente, considerados individualmente, não são o meu* self, *ou* eu, *é impossível para a coleção desses dois serem o meu* self, *ou* eu. *Por exemplo, porque uma cabra e uma vaca, individualmente, não são uma ovelha, é impossível para o conjunto de cabra e vaca ser uma ovelha. Já que isso é verdadeiro, a coleção de meu corpo e mente não é o meu* self, *ou* eu.

Je Phabongkhapa

> *É impossível para o meu* self*, ou* eu*, existir separado do corpo, da mente e da coleção, ou conjunto, de corpo e mente. Se isso fosse possível, seguir-se-ia, por exemplo, que se o corpo, a mente e a coleção – ou conjunto – de corpo e mente de uma pessoa chamada João desaparecessem, ainda assim seria possível ver ou perceber João. Esse raciocínio deve ser aplicado ao meu* self*, ou* eu*. Portanto, é certo que meu* self*, ou* eu*, não é algo além do corpo, da mente, e da coleção – ou conjunto – de corpo e mente.*

Repetimos essa contemplação mentalmente, do fundo do nosso coração, ao mesmo tempo que nos concentramos no seu significado. Então, pensamos: "Se eu procurar pelo meu *self*, ou *eu*, dessa maneira, com o olho de sabedoria, não encontrarei nada. Ele irá desaparecer e se tornar não existente.

Isso prova claramente que meu *self*, ou *eu*, que normalmente percebo não existe de modo algum. Meditamos nessa profunda compreensão por um breve período.

COMO REALIZAR A VACUIDADE QUE É A AUSÊNCIA DO EM-SI DOS FENÔMENOS

Contemplamos e pensamos:

> *Visto que meu* self*, ou* eu*, que normalmente percebo não existe, suas doenças, morte, renascimento e sofrimentos não existem. Não há nada visto e nada ouvido, nada relembrado, nada tocado, não existem atividades, nada que é feito, não existe alegria, não existe sofrimento, nada a ser louvado, nada a ser acusado, nada a ser obtido, nada a ser perdido, nada a ser desejado, nada para não ser desejado, nada para aparecer e nada a que se aferrar que seja experienciado pelo meu* self *que normalmente percebo. Isso prova claramente que todos os fenômenos que normalmente vejo ou percebo não existem de modo algum.*

Meditamos, estritamente focados, nessa profunda compreensão pelo maior tempo possível. Devemos praticar essa contemplação e meditação continuamente todos os dias, até realizarmos diretamente que todos os fenômenos que normalmente vemos ou percebemos não existem. Podemos alcançar esse objetivo através de aplicarmos esforço para nos tornarmos muito familiarizados com essa contemplação e meditação. As doenças, morte, renascimento e sofrimentos do filho de uma mulher sem filhos não existem, pois o filho, ele próprio, não existe. Do mesmo modo, as doenças, morte, renascimento e sofrimentos do nosso *self*, ou *eu*, que normalmente vemos não existem, pois o nosso *self*, ou *eu*, que normalmente percebemos não existe.

Entretanto, devemos saber que, em geral, todos os fenômenos existem como mero nome. Por ficarmos satisfeitos com seus meros nomes, podemos dizer "estou feliz" ou "não estou feliz", ou podemos dizer "ele (ou ela) está feliz" ou "ele (ou ela) não está feliz", e assim por diante, do mesmo modo que as pessoas mundanas, ou comuns, fazem. Buda não está contradizendo as visões, ou opiniões, das pessoas mundanas, ou comuns.

A PRÁTICA DA AQUISIÇÃO SUBSEQUENTE

Após sairmos do equilíbrio meditativo na vacuidade e nos envolvermos nas atividades diárias, devemos compreender e acreditar que tudo o que aparece para nós – seja bom, mau ou neutro – embora não exista, *aparece*, do mesmo modo que uma ilusão. Essa maneira de acreditar e pensar é a prática da *aparência semelhante-a-uma-ilusão*.

E devemos compreender e acreditar que tudo o que aparece para nós – seja bom, mau ou neutro – embora apareça, *não existe*, do mesmo modo que uma ilusão. Essa maneira de acreditar e pensar é a prática da *vacuidade semelhante-a-uma-ilusão*. Como Buda disse nos Sutras, todos os fenômenos que normalmente vemos ou percebemos são como uma ilusão. Isso significa que, embora apareçam, eles não existem, assim como uma ilusão. Os fenômenos são apenas aparência equivocada. Devemos desenvolver e manter essa compreensão profunda dia e noite, de modo a nunca nos permitir esquecê-la.

É extremamente importante obter profunda familiaridade com essas práticas em nossas atividades diárias. Por meio dessas práticas, podemos solucionar todos os nossos problemas diários.

Precisamos aprender a interromper nosso aferramento ao nosso *self* que normalmente percebemos, por meio de recordar que o nosso *self* que normalmente percebemos não existe. Se isso funcionar de maneira prática, então não haverá base para experienciar problemas e sofrimentos. Por fim, alcançaremos libertação permanente de todos os sofrimentos desta vida e das incontáveis vidas futuras. Que maravilhoso!

No entanto, se falharmos em interromper nosso aferramento ao nosso *self* que normalmente percebemos, isso será uma indicação clara de que nossa compreensão sobre a vacuidade da ausência do em-si de pessoas não é qualificada.

Precisamos reconhecer que, embora tenhamos compreendido, através de raciocínios válidos explicados anteriormente, que provam que nosso *self* que normalmente percebemos não existe – o que significa que compreendemos a vacuidade do nosso *self* – ainda assim permanecemos continuamente nos aferrando, dia e noite, ao nosso *self* que normalmente percebemos, até mesmo enquanto dormimos. Como resultado, não temos oportunidade de experienciar a paz mental que se desenvolve de nossa sabedoria. Somente a paz mental que surge de sabedoria é felicidade. A paz mental que se desenvolve de prazeres mundanos não é felicidade verdadeira, mas sofrimento-que-muda.

Por que será, então, que desenvolvemos esse problema de nos aferrarmos ao nosso *self* que normalmente percebemos, muito embora compreendamos a vacuidade? A razão é que não estamos praticando vigilância e contínua-lembrança, ou porque nossa prática delas é muito fraca. Como podemos praticar vigilância e contínua-lembrança? Sempre que estivermos nos aferrando ao nosso *self* que normalmente percebemos, devemos identificar esse aferramento imediatamente, através de confiar sinceramente em vigilância, que é uma parte da sabedoria. Em seguida, devemos aplicar esforço para interromper o aferramento ao nosso *self* que normalmente percebemos, por meio de recordarmos que o nosso *self* que normalmente percebemos não existe. Por praticarmos vigilância desse modo, devemos gerar em nossa consciência a cessação do aferramento ao nosso *self* que normalmente percebemos.

Por confiar então sinceramente em contínua-lembrança, mantemos fortemente a verdadeira cessação que geramos em nossa consciência e nunca, nem de dia nem de noite, devemos nos permitir esquecê-la – sequer durante o sono. Por praticarmos sinceramente vigilância e contínua-lembrança dessa maneira, alcançaremos, por fim, a cessação permanente da ignorância do agarramento ao em-si, a raiz de todo o sofrimento.

No *Guia do Estilo de Vida do Bodhisattva*, Shantideva diz:

Com minhas palmas unidas,
Eu rogo àqueles que desejam proteger suas mentes:
Sempre coloquem esforço em manter
Ambas – contínua-lembrança e vigilância.

Por favor, guarde esse conselho em seu coração.

COMO MEDITAR NA VISÃO SUPERIOR

A visão superior propriamente dita é uma sabedoria especial gerada por força da meditação do tranquilo-permanecer. Aqui, precisamos meditar na visão superior que observa a vacuidade. Podemos fazer isso quando tivermos obtido a concentração da quarta permanência mental que observa a vacuidade. Nessa etapa, não temos a visão superior propriamente dita, mas uma *semelhança* de visão superior. Tendo gerado essa *semelhança* de visão superior, quando meditamos nela estamos a meditar na visão superior.

A concentração da quarta permanência mental é como um lago de águas claras e tranquilas, não agitadas pelo vento, e essa *semelhança* de visão superior é como um pequeno peixe nadando naquela água, sem perturbar a superfície. A *semelhança* de visão superior é um componente de sabedoria dentro da concentração, que investiga o objeto sem perturbar a concentração.

Meditar na *semelhança* de visão superior que observa a vacuidade é a causa principal para obter a visão superior propriamente dita que observa a vacuidade, e meditar na visão superior propriamente dita que observa a vacuidade é a causa principal para alcançar o Caminho da Visão que realiza a vacuidade diretamente.

No entanto, precisamos saber que há uma grande diferença entre o Caminho da Visão explicado no Tantra Ioga Supremo e o Caminho da Visão explicado nos Sutras. O primeiro caminho (o Caminho da Visão do Tantra Ioga Supremo) é a mente de grande êxtase espontâneo que realiza a vacuidade diretamente. Esse caminho é uma realização propriamente dita do Mahamudra. O segundo caminho é uma realização que realiza diretamente a vacuidade com uma mente densa. Esse Caminho da Visão, explicado nos Sutras, não é a realização propriamente dita do Mahamudra. Realizar a vacuidade com uma mente densa não é uma verdadeira realização direta da vacuidade. A verdadeira realização direta da vacuidade é, necessariamente, realizar a vacuidade com uma mente muito sutil. Assim, o Caminho da Visão explicado nos Sutras não é o verdadeiro Caminho da Visão, e os *seres superiores* explicados nos Sutras não são verdadeiros *seres superiores*. Para alcançar o verdadeiro Caminho da Visão, precisamos obter a mente de grande êxtase espontâneo, que, por sua vez, depende dos iogas dos canais, das gotas e dos ventos para penetrar o corpo-vajra.

Como meditar nos iogas dos canais, das gotas e dos ventos tem três partes:

1. Meditar no ioga do canal central;
2. Meditar no ioga da gota;
3. Meditar no ioga do vento.

Primeiro, há uma breve introdução aos canais, gotas e ventos.

OS CANAIS

Neste contexto, os canais são os canais em nosso corpo – eles contêm as gotas brancas e vermelhas e os ventos moventes, sobre os quais as mentes estão montadas. Há três canais principais: o canal central e os canais direito e esquerdo. O canal central é também denominado "*dhuti*", e é o principal canal do corpo.

Contemplamos, como segue:

O canal central, que é da largura de um canudo de beber, está localizado exatamente no meio, entre as metades direita e esquerda do corpo, mas está ligeiramente mais próximo das costas do que da frente. Ele segue em linha reta, desde a coroa da cabeça até a ponta do órgão sexual, como o pilar do corpo.

O canal central possui as seguintes características: ele é azul pálido por fora e vermelho-oleoso por dentro; é reto, macio e flexível; e é claro e transparente.

À direita do canal central, está o canal direito, que é vermelho e segue reto, desde a coroa da cabeça até a ponta do órgão sexual.

À esquerda do canal central, está o canal esquerdo, que é branco e segue reto, desde a coroa da cabeça até a ponta do órgão sexual.

Para este nosso propósito, não precisamos contemplar as quatro rodas-canais, as seis rodas-canais, e assim por diante. O que precisamos contemplar, principalmente, muitas e muitas vezes, são as características do canal central explicadas acima e treinar em perceber uma imagem genérica clara do canal central.

AS GOTAS

As gotas residem dentro dos canais, são úmidas e fluidas por natureza, e cumprem a função de gerar êxtase quando derretem. Há dois tipos de gotas: gotas brancas e gotas vermelhas.

Quando as gotas brancas (que são a pura essência do esperma) derretem, elas geram êxtase nos homens; e quando as gotas vermelhas (que são a pura essência do sangue) derretem, elas geram êxtase nas mulheres. Por força da relação sexual do homem e da mulher, o fogo interior, ou *tummo* (que é a essência do sangue e tem a natureza do fogo, ou do calor), localizado no umbigo deles, entra nos canais, fazendo com que, para o homem, as gotas brancas nos canais derretam e gerem êxtase, e, para as mulheres, as gotas vermelhas nos canais derretam e gerem êxtase.

Para os que alcançaram realizações do estágio de conclusão, os ventos dos canais direito e esquerdo entram, permanecem e se dissolvem no canal central por força de meditação, fazendo com que o fogo interior no umbigo se inflame dentro do canal central; isso faz com que as gotas dentro do canal central derretam e gerem êxtase. Esse êxtase é denominado "grande êxtase". Este é o êxtase da união de êxtase e vacuidade no Mahamudra. Referindo-se a esse grande êxtase, o texto-raiz do Mahamudra diz que ele é a verdadeira essência do Tantra Ioga Supremo.

Há três tipos de gota: densa, sutil e muito sutil. As gotas densas são as gotas dentro dos canais direito e esquerdo; as gotas sutis referem-se à generalidade das gotas dentro do canal central; e a gota muito sutil é a gota específica localizada no centro do canal central no coração, que é denominada "a gota indestrutível".

As gotas são também denominadas "bodhichittas". Neste contexto, bodhichitta é grande êxtase, pois este grande êxtase é a causa principal de *bodhi*, ou iluminação. Com referência às gotas, o nome do seu efeito – grande êxtase – é dado à causa: o derretimento das gotas.

OS VENTOS

Neste contexto, os ventos residem dentro dos canais, são leves e ligeiros, sua natureza é movimentar-se, e atuam como montaria para as mentes. Há dez ventos interiores: cinco ventos-raiz e cinco ventos secundários. Eles devem ser compreendidos a partir da leitura do livro *Clara-Luz de Êxtase*.

Os ventos dentro dos canais são ventos sutis e, sem esses ventos, as mentes não são capazes de funcionar. A função desses ventos é mover a mente para o seu objeto. Por exemplo, se a nossa mente pensa na Lua no céu, essa mente alcança a Lua por força do vento sobre o qual está montada. Nossa mente, ela própria, é como uma pessoa que tem olhos, mas que não possui pernas, e nossos ventos interiores são como uma pessoa cega com pernas.

Quando, na dependência do ioga do vento, nossos ventos interiores dentro de nossos canais se tornarem puros, nossa mente irá se tornar pura, e, quando nossa mente se tornar totalmente pura, iremos nos tornar iluminados. Se praticarmos o Tantra puramente, não será difícil alcançar a iluminação. Isto é provado pelas histórias, reais, de Gyalwa Ensapa e de muitos de seus discípulos alcançando facilmente, no breve espaço de uma vida, o estado de União da Budeidade.

Os canais, gotas e ventos interiores são denominados "o corpo-vajra". Embora não sejam nosso corpo verdadeiro, eles são parte de nosso corpo e, por essa razão, são denominados "corpo". Neste contexto, "vajra" significa "grande êxtase". Os canais, gotas e ventos são as causas a partir das quais o grande êxtase é gerado e, por essa razão, ao denominá-los "vajra", o nome do efeito está sendo dado à causa.

Porque os ventos interiores que fluem nos canais direito e esquerdo são montarias para a mente de agarramento ao em-si, eles são objetos a serem abandonados. A maneira de abandoná-los é dissolvê-los no canal central por meio de meditação, até que eles cessem. Os ventos interiores do canal central são denominados "ventos-sabedoria" porque atuam como montarias para a sabedoria de grande êxtase.

Isto conclui a breve introdução aos canais, gotas e ventos.

Como penetramos os canais, gotas e ventos – ou seja, o corpo-vajra? Neste contexto, isso significa meditar no canal central, na gota indestrutível e no vento indestrutível.

Isso será explicado em três partes:

1. Meditar no canal central, o ioga do canal central;
2. Meditar na gota indestrutível, o ioga da gota;
3. Meditar no vento indestrutível, o ioga do vento.

MEDITAR NO CANAL CENTRAL, O IOGA DO CANAL CENTRAL

A maneira de praticar isso é, primeiramente, contemplar em detalhes a natureza, características e assim por diante do canal central, como explicado anteriormente. Isso não significa contemplar apenas uma ou duas vezes, mas contemplar todos os dias, muitas e muitas vezes, até que, por força dessa contemplação, percebamos claramente uma imagem genérica do canal central. Então, acreditando que nossa mente reside no canal central em nosso coração, concentramo-nos no canal central na altura do nosso coração e meditamos estritamente focados nisso, sem esquecê-lo.

Quando, por meditar dessa maneira muitas e muitas vezes, todos os dias, obtivermos alguma familiaridade com essa meditação, alcançaremos a primeira permanência mental que observa o canal central no coração. Depois, precisamos aplicar esforço contínuo para aprimorar nossa familiaridade com essa meditação e alcançarmos a segunda permanência mental e, depois, a terceira permanência mental, até obtermos a concentração da quarta permanência mental que observa o canal central no coração.

Quando alcançarmos a concentração da quarta permanência mental que observa o canal central em nosso coração, perceberemos os sinais – desde a aparência miragem até a aparência da clara-luz – dos ventos dos canais direito e esquerdo entrando,

Vajradhara Trijang Rinpoche

permanecendo e se dissolvendo no canal central, e as gotas dentro do canal central irão derreter e gerar grande êxtase. Este grande êxtase é a primeira realização do estágio de conclusão.

Podemos nos perguntar se é suficiente apenas meditar no canal central. A resposta é: não, não é suficiente. Há três níveis de dissolução dos ventos dos canais direito e esquerdo no canal central por força de meditação:

1. Poucos ventos se dissolvem nele;
2. Muitos ventos se dissolvem nele;
3. Todos os ventos se dissolvem nele.

Podemos obter o primeiro nível pela meditação no canal central que acabamos de explicar; podemos obter o segundo nível pela meditação na gota indestrutível; e podemos obter o terceiro nível pela meditação no vento e mente indestrutíveis.

Por força de meditar no vento e mente indestrutíveis, se todos os ventos interiores dentro dos canais direito e esquerdo se dissolverem em nosso canal central e forem permanentemente purificados, então todas as nossas mentes impuras serão purificadas, e nossa mente irá se tornar completamente pura. Iremos, assim, nos tornar um Buda, um ser iluminado. A razão pela qual isso ocorre é que os ventos nos canais direito e esquerdo são montarias para as mentes impuras; portanto, se esses ventos forem totalmente purificados, nossas mentes impuras serão totalmente purificadas.

MEDITAR NA GOTA INDESTRUTÍVEL, O IOGA DA GOTA

Como meditamos na gota indestrutível? Dentro do canal central da roda-canal em nosso coração, há uma gota cuja metade superior é branca e a metade inferior, vermelha. Ela é do tamanho de uma pequena ervilha e é muito clara e brilhante. Ela é denominada "a gota indestrutível". As duas partes dessa gota – a metade superior branca e a metade inferior vermelha – são indestrutíveis, o que significa que elas nunca se separam, exceto quando morremos. Por essa razão, ela é denominada "a gota indestrutível".

Quando morremos, todos os ventos dos nossos canais direito e esquerdo se dissolvem, por força do carma, nessa gota indestrutível em nosso coração, e, como resultado, as partes branca e vermelha dessa gota separam-se e nossa consciência muito sutil, que está dentro dessa gota, sai e ruma para a próxima vida.

A maneira de meditar efetivamente na gota indestrutível é a seguinte. O objeto dessa meditação é a gota indestrutível explicada acima. Para encontrar, ou perceber claramente, esse objeto de meditação, contemplamos como segue:

Qual é a localização de minha gota indestrutível? Ela está localizada dentro do canal central da roda-canal em meu coração. Qual é a sua natureza? A parte vermelha dessa gota é da natureza de puro sangue, e a parte branca é da natureza de puro esperma. Qual é o seu tamanho? Ela é do tamanho de uma pequena ervilha.

Além disso, ela é como uma hospedaria, onde minha consciência muito sutil se encontra. A gota indestrutível é muito clara e brilhante. Sua função é fazer com que a mente de clara-luz torne-se manifesta se meditarmos nela.

Contemplamos isso muitas e muitas vezes, todos os dias, e quando percebermos claramente, por força da familiaridade, uma imagem genérica da gota indestrutível, teremos encontrado o objeto de meditação.

Então, acreditando que nossa mente reside no canal central da roda-canal em nosso coração, concentramo-nos fortemente na gota indestrutível e meditamos estritamente focados nela. Se esquecermos o objeto de meditação, devemos recordá-lo imediatamente e meditar nele.

Quando, por meditar dessa maneira muitas e muitas vezes, todos os dias, obtivermos alguma familiaridade com essa meditação, alcançaremos a primeira permanência mental que observa a gota indestrutível. Depois, precisamos aplicar esforço contínuo para aprimorar nossa familiaridade com essa meditação e alcançarmos a segunda permanência mental e, depois, a terceira permanência mental, até obtermos a concentração da quarta permanência mental que observa a gota indestrutível.

Quando alcançarmos essa concentração da quarta permanência mental que observa a gota indestrutível, teremos uma concentração muito firme que observa nossa gota indestrutível e uma contínua-lembrança muito forte, de modo que seremos capazes de permanecer com essa concentração que observa nossa gota indestrutível por toda a sessão, sem nunca nos esquecermos do objeto.

Por causa disso, perceberemos os sinais dos ventos dos canais direito e esquerdo entrando, permanecendo e se dissolvendo no canal central, desde a aparência miragem até a aparência da clara-luz, sinais esses mais claros que os das experiências anteriores que obtivemos pela meditação no canal central. Entretanto, para obter a clara-luz plenamente qualificada por meio de soltar os nós no canal do coração, precisamos nos empenhar na meditação do vento indestrutível, o ioga do vento.

MEDITAR NO VENTO INDESTRUTÍVEL, O IOGA DO VENTO

Como meditamos no vento indestrutível? O vento indestrutível é um vento interior que é a montaria para a mente muito sutil. Esse vento e a mente muito sutil nunca são destruídos, o que significa que eles nunca se separam. Por essa razão, ele é denominado "vento indestrutível". Ele é, também, o vento muito sutil.

O vento indestrutível é também denominado "o vento residente-contínuo" porque ele permanece continuamente, ao passo que todos os demais ventos, que fluem pelos canais, são ventos temporários. Por exemplo, quando morremos, todos os demais ventos que fluem pelos canais cessam e tornam-se não existentes. O vento indestrutível, no entanto, não se torna não existente, mas segue conosco para a nossa próxima vida, e permanecerá em nosso *continuum* até alcançarmos a Budeidade. Quando nos tornarmos um Buda, esse vento se transforma no Corpo-Forma de um Buda. Por essa razão, o vento indestrutível é a nossa natureza búdica, que é denominada nossa "natureza búdica crescente".

O vento indestrutível e a mente indestrutível são uma única natureza, o que significa que o vento muito sutil e a mente muito sutil são uma única natureza. Por essa razão, a coleção, ou conjunto, desses dois é denominada "o vento e mente indestrutíveis".

A mente indestrutível é também denominada "a mente residente-contínua". Quando morremos, todas as demais mentes cessam e tornam-se não existentes. A mente indestrutível, no entanto, não se torna não existente, mas segue conosco para a nossa próxima vida, e permanecerá em nosso continuum até alcançarmos a Budeidade. Quando nos tornarmos um Buda, essa mente se transforma na mente de um Buda – o Corpo-Verdade. Por essa razão, a mente indestrutível é, também, a nossa "natureza búdica crescente".

A vacuidade do nosso vento indestrutível e a vacuidade da nossa mente indestrutível são a nossa verdadeira natureza búdica naturalmente residente. O verdadeiro significado de *natureza búdica naturalmente residente* deve ser compreendido a partir dos ensinamentos de Tantra Ioga Supremo.

O vento indestrutível é também denominado "o corpo residente-contínuo". Ele é o nosso verdadeiro corpo. Nosso corpo denso atual é parte do corpo de nossos pais; por essa razão, nosso corpo denso atual não é o nosso verdadeiro corpo. No entanto, devido à ignorância, acreditamos que nosso corpo denso é o nosso verdadeiro corpo.

É impossível que o nosso corpo residente-contínuo morra, razão pela qual ele é denominado "o corpo residente-contínuo". Nossa mente indestrutível é a nossa mente residente-contínua.

Para os seres vivos, o vento indestrutível atua como a causa substancial do corpo do estado intermediário e do corpo-sonho; para aqueles que alcançaram as realizações do estágio de conclusão, o vento indestrutível atua como a causa substancial do corpo-ilusório;

e, para os seres iluminados, o vento indestrutível atua como a causa substancial do seu Corpo-Forma.

Isto conclui a breve explicação sobre como identificar o vento e mente indestrutíveis.

A MANEIRA PROPRIAMENTE DITA DE MEDITAR NO VENTO INDESTRUTÍVEL

O objeto desta meditação é o vento e mente indestrutíveis, o que significa a coleção, ou conjunto, do vento indestrutível e mente indestrutível, como explicado acima. Para encontrar, ou perceber claramente, esse objeto de meditação, contemplamos como segue:

> *Qual é a localização de meu vento e mente indestrutíveis? Sua localização é dentro da gota indestrutível, no canal central da roda-canal em meu coração. Qual é a sua natureza? Sua natureza é a coleção, ou conjunto, de meu vento indestrutível e mente indestrutível. Qual é a sua função? Essa coleção, ou conjunto, atua como base tanto para o samsara quanto para o nirvana, e, se meditarmos nela, ela atua para soltar os nós do canal do coração.*

Contemplamos isso muitas e muitas vezes, todos os dias, e quando percebermos claramente, por força da familiaridade, o objeto de meditação (a coleção, ou conjunto, do vento indestrutível e mente indestrutível), teremos encontrado o objeto de meditação.

Imaginamos então o seguinte. Dentro da gota indestrutível, que está dentro do canal central na altura do nosso coração, está nosso vento e mente indestrutíveis no aspecto de uma letra HUM, que é branco-avermelhada e do tamanho de um grão de cevada. Acreditamos fortemente que esse HUM é o próprio Guru Heruka.

Pensamos que nossa mente ingressou na letra HUM e, então, concentramo-nos nessa letra HUM, que é o nosso vento e mente indestrutíveis. Mantemos a concentração na letra HUM, sem nos esquecermos dela, e meditamos estritamente focados nisso. Se esquecermos o objeto de meditação, devemos recordá-lo imediatamente e meditar nele.

Quando, por meditar dessa maneira muitas e muitas vezes, todos os dias, obtivermos alguma familiaridade com essa meditação, alcançaremos a primeira permanência mental que observa o vento e mente indestrutíveis. Depois, precisamos aprimorar gradualmente nossa familiaridade com a meditação no vento e mente indestrutíveis, aplicando esforço para obter a segunda permanência mental e, depois, a terceira permanência mental, até alcançarmos a concentração da quarta permanência mental que observa o vento e mente indestrutíveis.

Quando alcançarmos a concentração da quarta permanência mental que observa nosso vento e mente indestrutíveis, perceberemos os sinais dos ventos dos canais direito e esquerdo entrando, permanecendo e se dissolvendo no canal central, desde a aparência miragem até a aparência da clara-luz – esses sinais serão percebidos de uma maneira que é superior à experiência anterior, obtida pela meditação na gota indestrutível.

Quais são os sinais de que os ventos dos canais direito e esquerdo entraram, permanecem e se dissolvem no canal central?

Os sinais de que os ventos entraram no canal central são que nossa respiração flui igualmente por ambas as narinas, e que a pressão da inalação e da exalação tornaram-se iguais, equilibradas.

Os sinais de que os ventos permanecem no canal central são que o fluir do vento por ambas as narinas torna-se cada vez mais fraco até, por fim, cessar, e todo o movimento abdominal cessa.

Há oito sinais de que os ventos se dissolveram no canal central, desde a aparência miragem até a aparência da clara-luz.

Nesta etapa, sete tipos diferentes de vento interior dissolvem-se gradualmente no canal central. Esses sete tipos são:

1. O vento do elemento terra;
2. O vento do elemento água;
3. O vento do elemento fogo;
4. O vento do elemento vento;

5. O vento montado pela mente da aparência branca;
6. O vento montado pela mente do vermelho crescente;
7. O vento montado pela mente da quase-conquista negra.

Quais são os sinais de dissolução desses ventos?

1. O sinal de que o vento do elemento terra dissolveu-se no canal central é que experienciamos a aparência de uma miragem semelhante a água;
2. O sinal de que o vento do elemento água dissolveu-se no canal central é que experienciamos uma aparência semelhante a fumaça;
3. O sinal de que o vento do elemento fogo dissolveu-se no canal central é que experienciamos uma aparência semelhante a vagalumes cintilantes;
4. O sinal de que o vento do elemento vento dissolveu-se no canal central é que experienciamos uma aparência semelhante à chama de uma vela;
5. Isso é seguido por uma aparência de pura brancura;
6. O sinal de que o vento montado pela mente da aparência branca dissolveu-se no canal central é que experienciamos a aparência do vermelho crescente;
7. O sinal de que o vento montado pela mente do vermelho crescente dissolveu-se no canal central é que experienciamos a aparência da quase-conquista negra;
8. O sinal de que o vento montado pela mente da quase-conquista negra dissolveu-se no canal central é que experienciamos a aparência da clara-luz;

Clara-luz é uma mente muito sutil manifesta, para a qual a vacuidade aparece. Ela é denominada "clara-luz" porque é a clara-luz interior da mente que surge da dissolução dos ventos interiores dos canais direito e esquerdo no canal central.

Quando percebemos o quinto sinal de dissolução dos ventos interiores dos canais direito e esquerdo no canal central – a aparência da aparência branca – todos os nossos ventos densos e mentes densas cessam. Quando percebemos o oitavo sinal – a aparência da clara-luz – todos os nossos ventos e mentes sutis cessam, e a mente muito sutil manifesta-se.

Há muitos níveis de realização da clara-luz. A clara-luz que é obtida na dependência dos nós do canal do coração serem totalmente soltos é a clara-luz plenamente qualificada. Ela é de dois tipos: clara-luz-exemplo e clara-luz-significativa.

A clara-luz plenamente qualificada que é grande êxtase que realiza a vacuidade com uma imagem genérica é a *clara-luz-exemplo última*. "Última", aqui, significa "plenamente qualificada". Tomando-a como exemplo, podemos compreender como obter a clara-luz-significativa; por essa razão, ela é denominada "clara-luz-exemplo".

Quando saímos do equilíbrio meditativo na clara-luz-exemplo última, obtemos o corpo-ilusório *impuro*. Em geral, "corpo-ilusório" significa o vento interior muito sutil, ou vento indestrutível, aparecendo no aspecto do corpo de uma Deidade iluminada. Porque ele aparece como um corpo criado por um mágico e carece de existência inerente, ele é denominado "corpo-ilusão" ou "corpo-ilusório".

Há dois tipos de corpo-ilusório: o corpo-ilusório *impuro* e o corpo-ilusório *puro*. O corpo-ilusório *impuro* é o vento indestrutível que é a montaria para a clara-luz-exemplo aparecendo no aspecto do corpo de uma Deidade. Ele é denominado "impuro" porque, no momento em que obtemos esse corpo-ilusório, ainda não abandonamos totalmente as delusões.

Quando, para uma pessoa que tenha alcançado a clara-luz-exemplo última, sua clara-luz plenamente qualificada – que é grande êxtase – realiza diretamente a vacuidade por força de meditar continuamente na vacuidade, esse grande êxtase *é* clara-luz-significativa. A clara-luz-significativa é também a união de êxtase e vacuidade do Mahamudra e, inicialmente, é o Caminho da Visão do Tantra Ioga Supremo.

Quando saímos do equilíbrio meditativo na clara-luz-significativa, obtemos o corpo-ilusório *puro*. O corpo-ilusório *puro* é o vento indestrutível que é a montaria para a clara-luz-significativa aparecendo no aspecto do corpo de uma Deidade. Ele é denominado "puro" porque, nesta altura, todas as delusões foram abandonadas.

No Tantra, o Caminho da Visão é capaz de abandonar, simultaneamente, todas as delusões intelectualmente formadas e as inatas. A razão disso é que o Caminho da Visão do Tantra é amplamente superior ao Caminho da Visão do Sutra.

Quando uma pessoa que alcançou o corpo-ilusório puro medita estritamente focada na vacuidade, a clara-luz-significativa manifesta-se em seu continuum mental. Nesse momento, ela obtém a realização da união do corpo-ilusório puro com a clara-luz-significativa. Essa realização é denominada "união-que-precisa-aprender".

Logo após, o *corpo-ilusório puro* (que é parte dessa união-que-precisa-aprender) irá se tornar o corpo de um Buda, e a *clara-luz-significativa* (que também é parte dessa união-que-precisa-aprender) irá se tornar a mente de um Buda. Então, essa pessoa terá alcançado a União da Budeidade, o estado de iluminação.

A união que é denominada "o estado de União de Heruka" deve ser entendida como a união de aparência e vacuidade. Assim, a totalidade do mandala sustentado e sustentador de Heruka é *aparência*, e a vacuidade da mente de Heruka, o *Dharmakaya*, é *vazio*. Essa aparência e vacuidade são não duais – são apenas *um* –, assim como dois espaços misturados um com o outro. Essa é a união de aparência e vacuidade. Quando realizarmos e experienciarmos essa união diretamente, teremos alcançado o estado de União de Heruka, que é a União-do-Não-Mais-Aprender.

Na prática propriamente dita do Mahamudra, quando meditamos no estágio de conclusão, há duas tradições para penetrar o corpo-vajra. Na primeira tradição, o corpo-vajra é penetrado por meio de meditarmos principalmente no fogo interior, ou *tummo*, dentro do canal central na altura do umbigo. O Venerável Milarepa e muitos outros grandes meditadores confiaram nessa tradição.

Na segunda tradição, como explicado acima, o corpo-vajra é penetrado por meio de meditarmos, principalmente: no canal central na altura do coração, na gota indestrutível, e no vento e mente indestrutíveis dentro do canal central no coração. Essa é a instrução especial de Je Tsongkhapa praticada pelo grande Mahasiddha Dharmavajra e seus discípulos. Essa linhagem tem florescido continuamente, sendo conhecida como a Linhagem Oral Ganden.

Qual a diferença entre essas duas tradições? A diferença é que, por meditarmos no canal central na altura do umbigo e no *tummo*, nossos ventos interiores entram, permanecem e se dissolvem no canal central e, por meio disso, geramos a clara-luz de grande êxtase. No entanto, essa meditação não tem poder para soltar os nós do canal do coração e, portanto, não podemos gerar a realização da clara-luz plenamente qualificada. Para gerar a realização da clara-luz plenamente qualificada nessa tradição, é necessário confiar em um mudra-ação para soltar os nós do canal do coração.

Por meditarmos no canal central no coração, na gota indestrutível e no vento e mente indestrutíveis dentro do canal central no coração, como explicado acima, podemos gerar não somente a clara-luz de grande êxtase como também, pelo poder dessa meditação, soltar os nós no nosso canal do coração e, assim, alcançarmos a realização da clara-luz plenamente qualificada. Não precisaremos confiar em um mudra-ação para soltar os nós no canal do coração, e alcançaremos então a União da Budeidade muito rapidamente.

A meditação no vento e mente indestrutíveis, como explicada anteriormente, é muito abençoada. Por meio dela, todos os ventos interiores dos canais direito e esquerdo irão se dissolver na gota indestrutível dentro do canal central no coração e soltar completamente os nós no canal do coração. Assim, essa meditação é a instrução habilidosa e o método supremo para conquistarmos nossa meta final. Como somos afortunados por termos a oportunidade de nos empenhar nessa prática! Uma explicação detalhada dessa prática pode ser encontrada na Parte Quatro, na seção *A Etapa de Abençoar o Self*.

PARTE DOIS

As Centenas de Deidades da Terra Alegre de Acordo com o Tantra Ioga Supremo

O GURU-IOGA DE JE TSONGKHAPA COMO UMA PRÁTICA PRELIMINAR AO MAHAMUDRA

Dorjechang Kelsang Gyatso Rinpoche

As Centenas de Deidades da Terra Alegre de Acordo com o Tantra Ioga Supremo

O GURU-IOGA DE JE TSONGKHAPA COMO UMA PRÁTICA PRELIMINAR AO MAHAMUDRA

Neste contexto, "Guru" refere-se ao Guia Espiritual que nos conduz ao caminho espiritual correto e que mostra um bom exemplo. Por seguirmos o caminho espiritual correto, podemos alcançar todos os nossos objetivos, temporários e últimos. "Ioga" significa, neste contexto, uma prática ritual que é uma maneira especial de confiar no Guia Espiritual. Visto que a raiz de todas as realizações espirituais, de Sutra e de Tantra, é confiar puramente no Guia Espiritual, a prática de Guru-Ioga é uma prática essencial do Budismo.

Para muitas pessoas, recitar preces em voz alta faz com que tenham dificuldade em se concentrar no seu significado, pois o som interfere com sua concentração. Por essa razão, precisamos nos familiarizar com a recitação mental de preces – preces que vêm do nosso coração, sem sons, o que significa que precisamos memorizar nossas preces diárias.

COMO PRATICAR ESTE GURU-IOGA

Visualização

No espaço a minha frente, aparece meu Guru-raiz, Guru Sumati Buda Heruka, rodeado por todos os Budas das dez direções.

Recitamos isso enquanto contemplamos o significado e, então, com forte fé, meditamos brevemente na assembleia de objetos de refúgio e seres-de-compromisso do Campo de Mérito.

Tomar os votos de refúgio mahayana

Ó Gurus, Budas e Bodhisattvas, por favor, ouvi-me.
Eu e todos os seres vivos-mães, tão extensos quanto o espaço,
Doravante, até que alcancemos a iluminação,
Buscamos refúgio nas Três Joias Preciosas – Buda, Dharma e Sangha. (3x)

Recitamos isso três vezes e fazemos uma forte promessa: "Doravante, até que eu alcance a iluminação, vou confiar e manter unicamente, como meu refúgio último, Buda, Dharma e Sangha". Desse modo, tomamos os votos de refúgio mahayana.

Tomar o voto bodhisattva de acordo com o Tantra Ioga Supremo

Para o bem de todos os seres sencientes-mães,
Vou me tornar o Guru-Deidade
E, então, conduzirei cada ser senciente
Ao estado supremo do Guru-Deidade. (3x)

Recitamos isso três vezes, enquanto contemplamos seu significado e fazemos essa promessa sinceramente. Desse modo, geramos bodhichitta e tomamos o voto bodhisattva de acordo com o Tantra Ioga Supremo.

Convidar os seres-de-sabedoria

Do coração do Protetor das centenas de Deidades da Terra Alegre,
Ao topo de uma nuvem como coalhada branca e fresca,
Ó Todo-Conhecedor Losang Dragpa, Rei do Dharma,
Por favor, vem a este lugar juntamente com teus Filhos.

Recitando isso, contemplamos que, da esfera do espaço infinito de êxtase e vacuidade no coração do Buda Protetor Maitreya, que reside na Terra Pura da Terra Alegre, convidamos os seres-de-sabedoria – o Rei do Dharma Todo-Conhecedor Je Tsongkhapa, rodeado pelos Budas das dez direções. Todos eles se dissolvem nos seres-de-compromisso no espaço a nossa frente, e acreditamos que os seres-de-sabedoria e os seres-de--compromisso tornam-se inseparavelmente unos.

Pedido

No espaço a minha frente, sobre um trono de leões, lótus e lua,
Os veneráveis Gurus sorriem com deleite.
Ó Supremo Campo de Mérito para a minha mente de fé,
Por favor, permanece por cem éons para difundir a doutrina.

Recitando isso, fazemos o pedido: "Ó Venerável Guia Espiritual, onde quer que eu esteja, por favor, aparece no espaço a minha frente e, com deleite, permanece por cem mil éons como um campo no qual eu possa plantar as sementes da fé, e como o objeto por meio do qual eu possa acumular a coleção de mérito".

Os sete membros

Prostração

Tua mente de sabedoria compreende a extensão integral dos objetos de conhecimento,
Tua eloquente fala é o ornamento-orelha dos afortunados,
Teu lindo corpo brilha com a glória do renome,
Prostro-me a ti, que és tão significativo de ver, ouvir e recordar.

Recitando isto, acreditamos fortemente que estamos nos prostrando a incontáveis objetos de refúgio por incontáveis éons, com incontáveis corpos que emanamos pelo poder de imaginação correta, ao mesmo tempo que recordamos a bondade e as boas qualidades desses incontáveis objetos de refúgio.

Oferecer

Agradáveis oferendas de água, diversas flores,
Incenso de doce aroma, luzes, água perfumada e assim por diante,
Uma vasta nuvem de oferendas, tanto as efetivas como as imaginadas,
Ofereço a ti, Ó Supremo Campo de Mérito.

Contemplamos e acreditamos que todos os mundos são Terras Búdicas totalmente puras, com vastas oferendas exteriores, interiores e secretas, geradas pelo poder de concentração – inconcebíveis nuvens de oferendas totalmente puras, cobrindo todo o solo e preenchendo todo o espaço – e imaginamos que estamos fazendo essas oferendas por incontáveis éons ao supremo Campo de Mérito – a assembleia de Deidades de Guru Sumati Buda Heruka.

Purificação

Sejam quais forem as não-virtudes de corpo, fala e mente
Que tenho acumulado desde tempos sem início,
Especialmente as transgressões dos meus três votos,
Com grande remorso, confesso uma a uma do fundo de meu coração.

Clamamos a Guru Sumati Buda Heruka: "Todas as negatividades, quedas morais e compromissos quebrados que tenho acumulado com meu corpo, fala e mente por todas as minhas incontáveis vidas até agora, eu os confesso com uma mente de forte arrependimento e forte promessa. Ó Protetor, pelo poder da tua compaixão, por favor, abençoa-me para purificá-los agora". Contemplamos isso muitas e muitas vezes, do fundo do nosso coração, para fazer a purificação.

Regozijo

Nesta era degenerada, te empenhaste em muito estudo e realização.
Abandonando os oito interesses mundanos, tornaste significativos
tuas liberdades e dotes.
Ó Protetor, regozijo-me do fundo de meu coração,
Na grande onda de teus feitos.

Fazemos a promessa: "Ó Venerável Guru, regozijo-me, do fundo de meu coração, em teus habilidosos feitos, através dos quais tens conduzido tantos seres afortunados ao estado de União da iluminação, e prometo tornar-me igual a ti".

Pedir que gire a Roda do Dharma

Das ondulantes nuvens de sabedoria e de compaixão
No espaço do vosso Corpo-Verdade, Ó Veneráveis e Sagrados Gurus,
Por favor, derramai uma chuva do Dharma vasto e profundo
Apropriado aos discípulos deste mundo.

Fazemos o pedido: "Ó Venerável Guru, das ondulantes nuvens de sabedoria e de compaixão no espaço do teu Corpo-Verdade, o Dharmakaya, por favor, emana incontáveis Guias Espirituais sob diversas formas, preenchendo o mundo inteiro de acordo com as necessidades dos discípulos, e derrama uma chuva do Dharma vasto e profundo da Linhagem Oral Ganden sobre incontáveis discípulos".

Rogar ao Guia Espiritual que não morra

Do teu verdadeiro corpo imortal, nascido da clara-luz-significativa,
Por favor, envia incontáveis emanações ao mundo inteiro
Para difundir a Linhagem Oral da doutrina Ganden
E que elas permaneçam por muito tempo.

Rogamos, estritamente focados: "Ó Protetor, embora teu corpo de União, surgido da clara-luz-significativa, não morra, os diversos tipos de Guias Espirituais que emanaste como seres comuns não são imortais. Rogamos que esses Guias Espirituais nunca morram, mas que permaneçam até que o samsara termine".

Dedicatória

Pelas virtudes que aqui acumulei,
Que a doutrina e todos os seres vivos recebam todo benefício.
Especialmente, que a essência da doutrina
Do Venerável Losang Dragpa brilhe para sempre.

Dedicamos, para o benefício da doutrina e de todos os seres vivos, todas as virtudes que nós e os outros acumulamos até agora, e, especialmente, dedicamos para que a essência da doutrina de Je Tsongkhapa (as instruções e a prática da Linhagem Oral Ganden) aumente e se espalhe pelo mundo inteiro.

Oferecer o mandala

Fazemos a oferenda do mandala longo ou breve a Guru Sumati Buda Heruka juntamente com sua Assembleia de Deidades.

OM VAJRA BHUMI AH HUM
Grande e poderoso solo dourado,
OM VAJRA REKHE AH HUM
Na fronteira, a cerca férrea rodeia o círculo exterior.
No centro, Monte Meru, o rei das montanhas,
Em torno do qual há quatro continentes:
A leste, Purvavideha, ao sul, Jambudipa,
A oeste, Aparagodaniya, ao norte, Uttarakuru.
Cada um tem dois subcontinentes:
Deha e Videha, Tsamara e Abatsamara,
Satha e Uttaramantrina, Kurava e Kaurava.
A montanha de joias, a árvore-que-concede-desejos,
A vaca-que-concede-desejos e a colheita não semeada.
A preciosa roda, a preciosa joia,
A preciosa rainha, o precioso ministro,
O precioso elefante, o precioso supremo cavalo,

O precioso general e o grande vaso tesouro.
A deusa da beleza, a deusa das grinaldas,
A deusa da música, a deusa da dança,
A deusa das flores, a deusa do incenso,
A deusa da luz e a deusa do perfume.
O sol e a lua, o precioso guarda-sol,
O estandarte da vitória em cada direção.
No centro, os tesouros tanto de deuses quanto de homens,
Uma coleção de excelências que nada exclui.
Ofereço-vos isso, meus bondosos Guru-raiz e Gurus-linhagem,
A todos vós, sagrados e gloriosos Gurus,
E especialmente a ti, Guru Sumati Buda Heruka, juntamente com teus séquitos.
Por favor, aceita com compaixão pelos seres migrantes,
E, tendo aceito, por tua grande compaixão,
Concede, por favor, tuas bênçãos a todos os seres sencientes que preenchem o espaço.

O chão espargido com perfume e salpicado de flores,
A Grande Montanha, quatro continentes, sol e lua,
Percebidos como Terra de Buda e assim oferecidos,
Que todos os seres desfrutem dessas Terras Puras.

Ofereço, sem nenhum sentimento de perda,
Os objetos que fazem surgir meu apego, ódio e confusão,
Meus amigos, inimigos e estranhos, nossos corpos e prazeres;
Peço, aceita-os e abençoa-me, livrando-me diretamente dos três venenos.

IDAM GURU RATNA MANDALAKAM NIRYATAYAMI

Fazemos essa oferenda de mandala com forte fé, transformando o universo inteiro numa Terra Pura de Buda através de imaginação correta, e oferecemos essa Terra Pura de Buda à assembleia de Deidades de Guru Sumati Buda Heruka juntamente com seus séquitos.

Recitar a prece de pedidos *Migtsema* de acordo com o Tantra Ioga Supremo

Ó Guru Sumati Buda Heruka, síntese de todas as três linhagens numa única,
Peço a ti, por favor, elimina todos os meus obstáculos externos e internos,
Amadurece meu continuum mental, liberta-me da aparência dual,
E abençoa-me para que eu facilmente beneficie todos os seres vivos.

Neste contexto, a expressão "três linhagens" refere-se ao corpo, à fala e à mente de todos os Budas.

Recitamos essa prece de pedidos Migtsema *sete vezes ou mais.*

Tradicionalmente, nesta prática, precisamos coletar, pelo menos, cem mil recitações dessa prece de pedidos Migtsema *– devemos fazer essas recitações com forte fé, ao mesmo tempo que contemplamos seu significado. Por meio dessas recitações, receberemos poderosas bênçãos.*

Pedidos ao Senhor de Todas as Linhagens

Prece de pedidos para as práticas do Lamrim, do Lojong, do estágio de geração e do estágio de conclusão

Totalmente livres de distrações, devemos nos concentrar no significado das palavras da prece, logo abaixo.

Fazemos um forte pedido e encorajamo-nos a praticar todas e cada uma das etapas dos caminhos de Sutra e de Tantra, e tomamos a forte determinação de alcançar a efetiva realização de todas e cada uma delas.

Devemos praticar dessa maneira todos os dias; não há nada mais significativo do que isso. Por favor, mantenha esse conselho em seu coração.

Ó Venerável Conquistador Losang Dragpa,
Que és o Glorioso Senhor de todas as linhagens, Heruka,
Em cujo corpo residem todos os Budas, seus mundos e seus séquitos,
Peço a ti, por favor, concede tuas bênçãos.

Meu bondoso, precioso Guru-raiz,
Que és inseparavelmente uno com Heruka,
Em cujo grande êxtase todos os fenômenos estão reunidos em um só,
Peço a ti, por favor, concede tuas bênçãos.

Visto que a raiz de todas as aquisições espirituais
É confiar puramente no Guia Espiritual,
Por favor, concede agora as profundas bênçãos de teu corpo, fala e mente
Sobre meu corpo, fala e mente.

Por sua grande bondade, Je Tsongkhapa apresentou
Todos os ensinamentos, de Sutra e de Tantra, de Buda como instruções práticas.
No entanto, pode ser que minha grande boa fortuna em ter encontrado o sagrado Dharma, a doutrina de Buda,
Permaneça comigo por apenas esta vida,

Uma vez que minha respiração é como uma névoa, prestes a desaparecer,
E minha vida é como a chama de uma vela, prestes a extinguir-se pelo vento,
Já que não há garantia de que não morrerei hoje,
Agora é o momento exato – e único – de extrair o verdadeiro significado da vida humana, a conquista da iluminação.

Em minhas incontáveis vidas anteriores, acumulei vários tipos de ações não virtuosas,
E, como resultado, terei de experienciar o insuportável sofrimento do renascimento inferior por muitos éons.
Já que isso é insuportável para mim, busco refúgio sinceramente,
Do fundo do meu coração, em Buda, Dharma e Sangha.

Aplicarei esforço sinceramente
Para receber bênçãos de Buda,
Receber ajuda da Sangha, os praticantes espirituais puros,
E para praticar o Dharma puramente.

Por me empenhar nesta prática continuamente,
Conquistarei o verdadeiro refúgio em minha mente –
As realizações do sagrado Dharma –,
Que me libertam permanentemente de todos os sofrimentos e problemas.

A causa do sofrimento são as ações não virtuosas,
E a causa da felicidade são as ações virtuosas.
Visto que isso é totalmente verdadeiro,
Abandonarei definitivamente a primeira e praticarei a segunda.

Do mesmo modo que acreditar, equivocadamente,
Que uma bebida venenosa é néctar,
Apegar-se, com aferramento, a objetos de desejo
É a causa de grande perigo.

No ciclo de vida impura, o samsara,
Não existe verdadeira proteção contra o sofrimento.
Onde quer que eu nasça, seja como um ser inferior ou elevado,
Terei de experienciar unicamente sofrimento.

Se toda a carne e ossos de todos os corpos que eu tive anteriormente fossem reunidos, eles seriam equivalentes ao Monte Meru,
E, se todo o sangue e fluidos corporais fossem reunidos, eles seriam equivalentes ao mais profundo oceano.
Embora eu tenha tido incontáveis corpos, tendo renascido como Brahma, Indra, reis chakravatin, deuses e seres humanos comuns,
Não extraí significado algum pela posse desses corpos; por essa razão, continuo a sofrer.

Tendo nascido nos infernos e bebido cobre derretido; como insetos, cujos corpos se converteram em lodo;
E como cães, porcos e assim por diante, que comeram imundície suficiente para cobrir o mundo inteiro;
E, como foi dito, se as lágrimas que derramei de todo esse sofrimento são mais vastas que um oceano,
Se, ainda assim, não sinto nenhuma aflição ou medo – terei eu uma mente de ferro?

Compreendendo isso, aplicarei esforço contínuo para cessar o renascimento samsárico,
Empenhando-me permanentemente em abandonar sua raiz – a ignorância do agarramento ao em-si.
Na dependência dessa renúncia, abrirei a porta para o caminho à libertação,
E vou me empenhar em praticar os três treinos superiores – a síntese de todos os caminhos.

Com minha mente, qual um excelente cavalo, dirigindo-se ao solo superior,
Guiada pelas rédeas do Dharma dos três treinos superiores,
E instigada sempre para adiante com o chicote do forte esforço,
Viajarei agora, rapidamente, pelo caminho da libertação.

Todos os seres vivos-mães, que cuidam de mim com tanta bondade,
Estão se afogando no apavorante oceano do samsara.
Se eu não me preocupar com seus deploráveis sofrimentos,
Serei como um filho egoísta e sem coração.

Desde todas as minhas vidas sem-início até agora, a raiz de todo o meu sofrimento tem sido minha mente de autoapreço;
Preciso expulsá-la do meu coração, lançá-la para bem longe e apreciar, unicamente, todos os seres vivos.
Deste modo, concluirei minha prática de trocar eu por outros.
Ó meu precioso Guru, por favor, concede tuas bênçãos para que eu conclua esta prática profunda.

Para libertar permanentemente todos os seres vivos-mães
Do sofrimento e da aparência equivocada,
Alcançarei a União do estado de iluminação
Por meio da prática das seis perfeições.

Eliminando completamente as distrações de minha mente,
Observando e mantendo um único objeto de meditação com contínua-lembrança,
E impedindo que os obstáculos do afundamento e excitamento mentais surjam,
Controlarei, deste modo, minha mente com meditação clara e alegre.

Todas as minhas aparências nos sonhos ensinam-me
Que todas as minhas aparências quando estou acordado não existem;
Assim, para mim, todas as minhas aparências oníricas
São as instruções supremas de meu Guru.

Os fenômenos que normalmente vejo ou percebo
São enganosos – criados por mentes equivocadas.
Se eu procurar pela realidade do que vejo ou percebo,
Não há nada ali que exista – percebo, apenas, vazio semelhante ao espaço.

Quando procuro com meu olho-sabedoria,
Todas as coisas que normalmente vejo ou percebo desaparecem,
E apenas os seus nomes permanecem.
Com esse mero nome, simplesmente aceito tudo com o propósito de comunicar-me com os outros.

O modo como os fenômenos existem é exatamente esse.
Guru Pai Je Tsongkhapa clarificou isso, seguindo a intenção de Nagarjuna.
Assim, a visão correta da vacuidade, livre dos dois extremos,
É extremamente profunda.

Com minha experiência dos caminhos comuns,
O Principal da Terra Pura de Akanishta – Vajradhara Heruka –

Aparece agora neste mundo como uma emanação de Heruka
Na forma de meu Guru-raiz,
Que tem me conduzido para dentro do grande mandala do corpo de Heruka,
E me concedido as quatro iniciações para amadurecer meu continuum mental.
Assim, tornei-me um grande afortunado – aquele que, nesta vida, tem a oportunidade de realizar
A União de Heruka por meio de alcançar o Não-Mais-Aprender, o estado de iluminação.

A bondade de Guru Heruka Pai e Mãe é inconcebível,
E a bondade de meu Guru-raiz é inconcebível.
Devido a essa boa fortuna e pelo poder de minha imaginação correta,
Resido agora no grande mandala de Heruka, a natureza do meu corpo denso purificado.

Eu sou a Deidade iluminada Heruka,
A natureza de minha gota branca indestrutível purificada,
Com minha consorte Vajravarahi,
A natureza de minha gota vermelha indestrutível purificada.
Estou rodeado pelas Deidades Bodhisattvas – os Heróis e Heroínas –
Que são a natureza de meus canais e gotas purificados.
Por desfrutar grande êxtase e da vacuidade de todos os fenômenos, pacifiquei todas as aparências e concepções comuns,
E assim realizei o verdadeiro significado da vida humana.

Tendo gerado a mim mesmo como Heruka com consorte,
Medito brevemente em meu corpo como oco e vazio semelhante ao espaço.
Dentro desse corpo, está meu canal central, que possui quatro características.
Dentro do meu canal central, no centro das oito pétalas da roda-canal do coração,
Está a união de minha gota branca e vermelha indestrutível, do tamanho de uma pequena ervilha,

Que é muito clara e irradia luzes de cinco cores.
Dentro dela está meu vento indestrutível, no aspecto de uma letra HUM,
Que é o próprio Glorioso Heruka.
Minha mente ingressa no HUM e funde-se com ele, como água misturando-se com água.
Mantenho com contínua-lembrança esse HUM, que é meu vento indestrutível e Heruka, e medito estritamente focado nele.

Por estabilizar essa meditação, o movimento de meus ventos interiores das concepções cessará.
Desse modo, perceberei uma clara-luz plenamente qualificada.
Por concluir a prática dessa clara-luz,
Alcançarei a União de Grande Keajra propriamente dita, o estado de iluminação.
Essa é a grande bondade de Guru Heruka;
Que eu me torne igual a ti.

Receber bênçãos

Ó Glorioso e precioso Guru-raiz,
Por favor, senta-te no lótus e lua em meu coração.
Por favor, cuida de mim com tua grande bondade
E concede-me as bênçãos de teu corpo, fala e mente.

Como resultado desse pedido, todos os Budas das dez direções, no espaço a minha frente, convertem-se em luz e dissolvem-se no Venerável Guru Tsongkhapa. Guru Tsongkhapa, por sua vez, converte-se em luz e dissolve-se em Buda Shakyamuni, que está em seu coração. Buda Shakyamuni, por sua vez, converte-se em luz e dissolve-se em Heruka, que está em seu coração.

Com grande deleite, Guru Heruka vem até minha coroa e detém-se no canal central, no centro da minha roda-canal da coroa. Luzes irradiam-se de seu corpo e abençoam os canais, ventos e gotas em minha coroa.

Ó Glorioso e precioso Guru-raiz,
Por favor, senta-te no lótus e lua em meu coração.
Por favor, cuida de mim com tua grande bondade
E confere-me as aquisições comuns e a suprema.

Como resultado desse pedido, Guru Heruka vem até minha garganta e detém-se no canal central, no centro da minha roda-canal da garganta. Luzes irradiam-se de seu corpo e abençoam os canais, ventos e gotas em minha garganta.

Ó Glorioso e precioso Guru-raiz,
Por favor, senta-te no lótus e lua em meu coração.
Por favor, cuida de mim com tua grande bondade
E permanece firme até que eu alcance a essência da iluminação.

Como resultado desse pedido, Guru Heruka vem até meu coração e detém-se no canal central, no centro da minha roda-canal do coração. Luzes irradiam-se de seu corpo e abençoam os canais, ventos e gotas em meu coração.

Então, a mente de clara-luz de grande êxtase de Guru Heruka funde-se com minha mente e tornam-se não duais – uma única natureza. Pelo poder disso, minha mente se transforma na natureza da mente de clara-luz de grande êxtase de Heruka.

Meditamos brevemente em nossa mente – que é a clara-luz de grande êxtase da mente de Heruka alcançada pelo poder de imaginação correta – e a mantemos estritamente focados, sem nos esquecermos dela.

Depois, com um sentimento de grande alegria, empenhamo-nos na prática propriamente dita do Mahamudra por meio de praticar o seguinte, como foi anteriormente explicado:

1. *Tendo identificado nossa própria mente, meditar no tranquilo-permanecer;*
2. *Tendo realizado a vacuidade, meditar na visão superior;*
3. *Meditar no canal central, o ioga do canal central;*

4. *Meditar na gota indestrutível, o ioga da gota;*
5. *Meditar no vento indestrutível, o ioga do vento.*

Dedicatória

Por vir sendo cuidado, durante todas as minhas vidas,
Pelo Conquistador Tsongkhapa como meu Guru Mahayana,
Que eu nunca me afaste, sequer por um instante,
Desse excelente caminho louvado pelos Conquistadores.

Pelas práticas de disciplina moral pura, ouvir extensamente,
Treinar bodhichitta, visão pura, conduta pura, e assim por diante,
Que eu e todos os seres vivos sinceramente pratiquemos, de modo puro e inequívoco,
A doutrina do Conquistador Losang Dragpa.

Cólofon: Esta sadhana, ou prece ritual para obter aquisições espirituais, foi compilada por Venerável Geshe Kelsang Gyatso Rinpoche a partir de fontes tradicionais. 2015.

PARTE TRÊS

Nova Essência do Vajrayana

A PRÁTICA DE AUTOGERAÇÃO DO MANDALA DE CORPO DE HERUKA, UMA INSTRUÇÃO DA LINHAGEM ORAL GANDEN

Mesa de um praticante, sobre a qual podemos ver a oferenda interior, vajra e sino, damaru, vaso-ação e mala

Nova Essência do Vajrayana

A PRÁTICA DE AUTOGERAÇÃO DO MANDALA DE CORPO DE HERUKA, UMA INSTRUÇÃO DA LINHAGEM ORAL GANDEN

INTRODUÇÃO

Devemos saber que, em geral, quando Buda dava iniciações tântricas, ele aparecia como Vajradhara, mas, quando deu a iniciação de Heruka, Buda apareceu como Heruka. Isso mostra que Vajradhara, Heruka e Buda Shakyamuni são a mesma pessoa, mas com aspectos diferentes e funções diferentes.

É comumente sabido que as instruções sobre como praticar os estágios de geração e de conclusão do mandala de corpo de Heruka e os estágios de geração e de conclusão de Vajrayogini são mais profundas que as instruções sobre como praticar os estágios de geração e de conclusão de outras Deidades tântricas, tais como Guhyasamaja e Yamantaka. Por essa razão, as práticas do mandala de corpo de Heruka e as práticas de Vajrayogini são a verdadeira essência do Tantra Ioga Supremo.

Nas escrituras, está dito que, à medida que os tempos tornam-se mais e mais degenerados, levará cada vez mais tempo para que os praticantes recebam as bênçãos de Deidades tântricas. Em geral, isso é verdadeiro, mas, para os praticantes das Deidades tântricas Heruka e Vajrayogini, o que ocorre é o oposto. À medida que os tempos tornam-se cada vez mais impuros, receberemos mais rapidamente as bênçãos e o cuidado especial de Heruka e Vajrayogini e, através disso, obteremos realizações fácil e rapidamente. A razão para isso é que as pessoas deste mundo têm uma conexão especial com Heruka e Vajrayogini.

Em nosso mundo, existem 24 lugares sagrados de Heruka, tais como Puliramalaya, Dzalendhara e assim por diante, incluindo o Monte Kailash. Em cada um desses lugares sagrados, um mundo humano aparece sobre o solo, e o mundo de Heruka (o mandala) aparece no céu acima. Praticantes como Milarepa viram diretamente o mandala de Heruka nesses lugares. Assim, os Heróis e Dakinis, que são as emanações de Heruka e Vajrayogini, permeiam todos os lugares deste mundo, e as pessoas recebem suas bênçãos e cuidados especiais. Tudo isso são indicações claras de que os seres humanos deste mundo têm uma conexão especial com as Deidades iluminadas Heruka e Vajrayogini.

Compreendendo tudo isso, devemos nos regozijar com nossa boa fortuna e nos encorajarmos a praticar, sinceramente, os caminhos comuns (os treinos em renúncia, no supremo bom coração – bodhichitta –, e na visão correta da vacuidade) e os caminhos incomuns (os treinos nos estágios de geração e de conclusão do mandala de corpo de Heruka ou nos estágios de geração e de conclusão de Vajrayogini). Desse modo, podemos alcançar a meta última da vida humana.

Mais explicações podem ser encontradas na introdução da sadhana extensa, Essência do Vajrayana.

A PRÁTICA DAS PRELIMINARES

Refúgio e bodhichitta

No espaço a minha frente, aparece Heruka Pai e Mãe,
Inseparável de meu Guru-raiz,
Rodeado por um infinito número de objetos de refúgio –
Uma assembleia de Gurus, Deidades iluminadas, as Três Joias Preciosas, e Heróis e Heroínas Bodhisattvas.

Meditamos nesta vasta assembleia de objetos de refúgio com a fé de admirar, a fé de acreditar e a fé de almejar. A fé de admirar é da natureza do regozijo – regozijar-se com a completa pureza dos seres iluminados; a fé de acreditar é da natureza da crença correta – acreditar que a assembleia de seres iluminados está realmente presente diante de nós; e a fé de almejar é da natureza de um desejo profundo, do fundo do coração – o desejo de tornar-se exatamente como eles.

Eternamente vou me refugiar
Em Buda, Dharma e Sangha.
Para o bem de todos os seres vivos,
Vou me tornar Heruka. (3x)

Concentramo-nos no infinito número de objetos de refúgio, refugiamo-nos, e geramos bodhichitta de acordo com o Tantra.

Purificar nosso corpo, fala e mente

Eu não percebo nada além que vacuidade.
Do estado de êxtase e vacuidade, eu surjo como Heruka,
Com um corpo azul, uma face e duas mãos,
Segurando vajra e sino e unido em abraço com Vajravarahi.
Estou em pé, com minha perna direita esticada.

Contemplando isso, por meio de crença correta, tornamos puros nosso corpo, fala e mente, transformando-os no corpo, fala e mente de Heruka.

Vajrasattva com consorte

Purificar todos os lugares, prazeres e atividades

Raios de luz se irradiam da letra HUM em meu coração,
Purificando completamente todos os mundos e seus seres.
Tudo se torna imaculadamente puro,
Totalmente preenchido por um vasto conjunto de oferendas que concedem êxtase incontaminado.

Acreditamos fortemente que, pelo poder de imaginação correta, todos os lugares, prazeres e atividades tornam-se totalmente puros, concedendo naturalmente êxtase incontaminado.

Purificar não-virtudes e obstruções

Visualização

Sobre uma almofada de lua no centro de um lótus de oito pétalas em minha coroa, senta-se Guru Vajrasattva com sua consorte. Ele é inseparavelmente uno com todos os Budas das dez direções. Ele tem um corpo de luz branca, e olha para mim com olhos de compaixão.

Meditamos brevemente nessa visualização.

Pedido

Ó Guru Vajrasattva, não tenho outro refúgio além de ti. Por favor, purifica permanentemente minhas não-virtudes, quedas morais e aparências e concepções comuns. (3x)

Enquanto nos concentramos no significado desse pedido, recitamos o seguinte mantra 21 vezes, cem vezes ou mais:

OM VAJRASATTVA SARWA SIDDHI HUM

Por ter sido solicitado desse modo, Vajrasattva Pai e Mãe converte-se em luz branca, entra por minha coroa e se dissolve na escuridão interior de minhas não-virtudes, quedas morais e aparências e concepções comuns, em meu coração. Minhas não-virtudes, quedas morais e aparências e concepções comuns são permanentemente purificadas.

Meditamos nessa crença por um breve período.

Heruka de Doze Braços

A prática de Guru-Ioga, a porta de ingresso para receber bênçãos

Visualizar o Campo de Mérito, os seres-de-compromisso

No espaço a minha frente, em pé sobre um lótus, sol e demônios furiosos,
Está meu Guru-raiz Heruka,
Com um corpo azul-escuro de luz-sabedoria, semelhante a uma montanha lazulita.
Ele tem quatro faces, que, em sentido anti-horário, são azul, verde, vermelha e amarela.

Suas duas mãos principais seguram um vajra e um sino, e abraçam a Mãe.
Em sequência, ele tem duas mãos que seguram uma pele de elefante,
Duas mãos que seguram um damaru e um khatanga, duas mãos que seguram um machado e uma cuia de crânio com sangue,
Duas mãos que seguram uma faca curva e um laço-vajra, e duas mãos que seguram um tridente e uma cabeça de Brahma com quatro faces.

Ele mostra nove estados de ânimo e usa seis ornamentos de osso.
Sua coroa está adornada com uma meia lua e dois vajras cruzados.
Ele usa um colar de cabeças humanas e veste, na parte inferior de seu corpo, uma pele de tigre.
Em pé, com sua perna direita esticada, ele está no centro de uma massa de fogo ardente.

Vajravarahi é vermelha e está adornada com cinco ornamentos de osso.
Segurando uma faca curva e uma cuia de crânio, ela envolve o Pai em união.
Os quatro elementos, Monte Meru e a mansão celestial são da natureza do corpo de Heruka.

No centro da roda-canal do coração de Heruka,
Suas gotas – a branca e a vermelha – aparecem como Heruka
e Vajravarahi unidos em abraço,
As pétalas-canais dos elementos, nas quatro direções, aparecem
como as Quatro Ioguines
E as pétalas-canais das direções intermediárias aparecem como
cuias de crânio, repletas de néctar.

Nos vinte e quatro lugares – nas partes superior, mediana e inferior
de seu corpo –
Os canais, ocos, e as gotas neles contidas
São os vinte e quatro Heróis, a natureza das gotas,
Unidos em abraço com as vinte e quatro Heroínas, a natureza
dos canais.
Os canais nas suas portas sensoriais são as Oito Deusas dos portais.
Eles estão rodeados por uma assembleia de Gurus, Deidades,
Três Joias, Heróis, Dakinis e Protetores do Dharma.

Seus três lugares – a coroa, a garganta e o coração – estão
marcados pelas três letras – OM, AH e HUM.
Raios de luz se irradiam da letra HUM e convidam a assembleia
de seres-de-sabedoria.
Eles se tornam inseparáveis dos seres-de-compromisso.

Prostração

À medida que os tempos tornam-se cada vez mais impuros,
Teu poder e bênçãos crescem continuamente,
E cuidas de nós rapidamente, tão veloz quanto o pensamento;
Ó Heruka Pai e Mãe, a ti eu me prostro.

Fazer oferendas exteriores, interiores, secreta e da talidade

Nuvens de oferendas exteriores, as oito oferendas e as substâncias
auspiciosas,
Uma profusão de oferendas interiores das dez substâncias
purificadas, transformadas e aumentadas,

E hostes de consortes-Dakinis, que concedem grande êxtase
espontâneo –
Eu ofereço tudo isso, contido no estado de tua suprema mente
da bodhichitta última.

Purificação

Por favor, purifica, dentro da esfera da clara-luz da vacuidade,
Todas as não-virtudes e quedas morais de minhas três portas
Que eu tenho cometido desde tempos sem início, enquanto vago
pelo samsara,
Iludido por aferrar-me às coisas como elas aparecem.

Pedir que gire a Roda do Dharma e Dedicatória

Pela roda de armas afiadas da excelsa sabedoria de êxtase e vacuidade,
Envolvendo inteiramente o espaço mental dos seres sencientes até o
final do éon,
Extirpando o demônio do agarramento ao em-si, a raiz do samsara,
Que Heruka definitivo seja vitorioso.

Oferenda do mandala

Ofereço aos Gurus, às Deidades e às Três Joias Preciosas
Uma centena de milhões de quatro continentes, Montes Meru,
De sol e lua, de sete objetos preciosos, e assim por diante –
Um universo adornado de joias, com infinitas nuvens de oferendas
completamente puras, transformado na Terra Pura de um Buda –
Por favor, aceitai com compaixão e concedei-me vossas bênçãos.

IDAM GURU RATNA MANDALAKAM NIRYATAYAMI

Receber as quatro iniciações

Ó Guru Heruka, síntese das Três Joias,
Por conceder-me as quatro profundas iniciações,
Por favor, purifica minhas não-virtudes de corpo, fala e mente
e minhas obstruções de aparência dual,
E abençoa-me para que eu alcance os quatro corpos da
iluminação. (3x)

Tendo sido solicitado de modo estritamente focado,
Vajravarahi emanada e as Quatro Ioguines concedem a iniciação-vaso.
Todas as obstruções do meu corpo são purificadas,
E eu me torno habilitado a alcançar realizações do estágio de geração e o Corpo-Emanação.

Guru Pai e Mãe entram em união, e eu provo a substância secreta deles.
Todas as obstruções de minha fala, canais e ventos são purificadas,
Eu me torno habilitado a alcançar a realização do estágio de conclusão do corpo-ilusório
E meus potenciais para obter a fala de Buda e o Corpo-de-Deleite amadurecem.

Eu recebo Vajravarahi como minha consorte.
Por entrar em união com ela, eu gero as excelsas sabedorias das quatro alegrias.
Todas as obstruções de minha mente são purificadas,
E eu me torno habilitado a alcançar o estágio de conclusão da clara-luz-significativa e o Corpo-Verdade.

Por ouvir com atenção a explicação da União
Do corpo-ilusório último com a clara-luz-significativa,
Minhas obstruções de aparência dual são purificadas,
E meu potencial para alcançar a União de Heruka é amadurecido.

Pedir aos Gurus-linhagem

Por tua revelação da Deidade-Ioga do grande segredo,
Os afortunados são conduzidos ao estado de União em uma vida;
Ó Abençoado Heruka, Glorioso Pai e Mãe,
Peço a ti, por favor, concede a União nesta vida.

Ó Mahasiddha Ghantapa, Kurmapada,
Dzalandhara, Krishnapada,
E todos os demais Gurus-linhagem deste caminho,
Peço a vós, por favor, concedei a União nesta vida.

E especialmente, Ó Venerável, meu bondoso Guru-raiz,
A compaixão de todos os Budas
Aparecendo como meu Guia Espiritual, revelando o caminho completo à iluminação,
Peço a ti, por favor, concede a União nesta vida.

Por favor, abençoa-me, para que eu gere rapidamente
As realizações espontâneas
De todas as etapas do caminho –
Renúncia, bodhichitta, visão correta, e os dois estágios tântricos.

Em resumo, Venerável Guru Pai e Mãe,
Pelo poder de tuas profundas bênçãos entrando em meu coração,
Abençoa-me, por favor, para que eu alcance nesta vida
O verdadeiro estado de União de Heruka.

Realizar grande êxtase espontâneo por dissolver o Guru em nós mesmos

O Campo de Mérito inteiro se recolhe a partir de suas extremidades
E se dissolve em meu Guru-raiz Heruka.
Com deleite, meu Guru vem até a minha coroa,
Desce pelo meu canal central até o meu coração
E torna-se uno com minha mente, em meu coração.
Experiencio a união de grande êxtase espontâneo e vacuidade.

Meditamos brevemente nessa união que geramos por meio de imaginação correta.

A PRÁTICA PROPRIAMENTE DITA DE AUTOGERAÇÃO

Trazer a morte para o caminho do Corpo-Verdade, o corpo muito sutil de Buda

O mundo inteiro e seus habitantes se convertem em luz e se dissolvem em meu corpo. Meu corpo também se converte em luz e diminui vagarosamente de tamanho, até, por fim, se dissolver na vacuidade. Isso se assemelha à maneira pela qual todas as aparências desta vida se dissolvem na morte.

Experiencio a clara-luz da morte, cuja natureza é grande êxtase. Minha mente, a clara-luz de êxtase, torna-se inseparavelmente *una* com a vacuidade, a mera ausência de todas as coisas que normalmente vejo ou percebo. Eu não percebo nada além que vacuidade, a verdade última. Eu sou o Corpo-Verdade Heruka.

Como meditar em trazer a clara-luz da morte para o caminho do Corpo-Verdade

Como mencionado acima, imaginamos que estamos experienciando a clara-luz da morte, cuja natureza é grande êxtase, e que ela se torna inseparavelmente una *com a vacuidade, e acreditamos que essa união de grande êxtase e vacuidade é o Corpo-Verdade de Heruka.*

Então, por meio de perceber esse vasto espaço da vacuidade do Corpo-Verdade, desenvolvemos e mantemos o pensamento "eu sou o Corpo-Verdade Heruka". Nossa mente se transforma no pensamento "eu sou o Corpo-Verdade Heruka", e meditamos nele pelo maior tempo possível.

Por treinarmos continuamente nessa meditação, no momento em que espontaneamente pensarmos "eu, eu" no vasto vazio do Corpo-Verdade de Heruka, teremos trocado, nesse momento, a base de designação, ou de imputação, do nosso self *– de um corpo normal (que é um corpo contaminado) para o Corpo-Verdade de Heruka (que é um corpo incontaminado,* *um corpo completamente puro). A partir de então, porque a base de designação para o nosso* self *é completamente pura, isso significa que nos tornamos um ser completamente puro – Heruka. Assim, esta instrução é um método científico para alcançar a iluminação muito rapidamente.*

Devemos saber que, normalmente, desenvolvemos e mantemos o pensamento "eu, eu" com relação ao nosso corpo atual. Esse pensamento é ignorância, pois o nosso corpo atual não pode ser o nosso self*, visto que o nosso corpo atual é parte do corpo de outras pessoas – isto é, parte do corpo de nossos pais. Isso mostra claramente que a nossa maneira normal de identificar nosso* self *é ignorância. Devido a essa ignorância, desenvolvemos vários tipos de aparência equivocada, a partir dos quais desenvolvem-se – semelhantes a alucinações, ou ilusões – diversos tipos de sofrimentos e problemas, numa sequência sem-fim.*

Por outro lado, se pensarmos espontaneamente "eu, eu" no vasto espaço da vacuidade do Corpo-Verdade, nossa maneira de identificar nosso self *será correta. Por identificarmos corretamente nosso* self *dessa maneira, nossa aparência equivocada irá cessar e, devido a isso, nossas alucinações de todos os sofrimentos e problemas desta vida e das incontáveis vidas futuras cessarão permanentemente. Essa é, também, uma das principais funções da meditação acima. Esta explicação não é comumente conhecida – ela é uma instrução oral.*

Se nos empenharmos então, ao menos por familiaridade, nessa meditação quando estivermos morrendo, não há dúvida de que renasceremos na Terra Pura de Heruka – Keajra – em nossa próxima vida.

Essa meditação nos conduz à aquisição do Corpo-Verdade de Buda Heruka por meio de transformar nossa clara-luz da morte no caminho do Corpo-Verdade. Por essa razão, ela é denominada "trazer a morte para o caminho do Corpo-Verdade".

Nada *e HUM*

Trazer o estado intermediário para o caminho do Corpo-de--Deleite, o Corpo-Forma sutil de Buda

Da vacuidade do Corpo-Verdade, o Dharmakaya, eu me transformo, instantaneamente, no Corpo-de-Deleite Heruka na forma de um *nada*. Isso se assemelha à maneira pela qual o corpo de um ser do estado intermediário surge da clara-luz da morte. Eu sou o Corpo-de-Deleite Heruka.

Meditamos nesse orgulho divino por um breve período. Heruka designado, ou imputado, ao Corpo-Forma sutil de Buda é o Corpo-de-Deleite Heruka.

Trazer o renascimento para o caminho do Corpo-Emanação, o Corpo-Forma denso de Buda, por meio de realizar as cinco sabedorias oniscientes

No centro dos quatro elementos, Monte Meru e um lótus, está uma lua branco-avermelhada, que surgiu das vogais e consoantes. Eu ingresso no centro da lua e, gradualmente, transformo-me em um HUM. Do HUM, que é a coleção das cinco sabedorias oniscientes, surge, instantaneamente e por inteiro, o mandala sustentado e sustentador.

Eu sou Heruka-base com minha consorte. A mansão celestial do mandala de corpo é a natureza das partes densas de meu corpo, e a assembleia de Heróis e Heroínas do mandala de corpo é a natureza das partes sutis de meu corpo – os canais e elementos--gotas. Assim, eu surjo como Heruka Pai e Mãe do mandala de corpo – a natureza de minha gota indestrutível branca e vermelha – com todo o mandala de corpo sustentado e sustentador, plena e instantaneamente. Eu sou o Corpo-Emanação Heruka.

Meditamos, pensando: "eu sou o Corpo-Emanação Heruka".

Essa meditação impede de tomarmos renascimento no samsara após morrermos, e funciona como a causa para obtermos o Corpo-Emanação Heruka. Por essa razão, essa meditação é denominada "trazer o renascimento para o caminho do Corpo-Emanação".

Por realizarmos plenamente, pelo poder de imaginação correta, as cinco sabedorias oniscientes em nosso continuum mental, percebidas devido ao desenvolvimento do HUM a partir do nada, *geramo-nos como o Corpo-Emanação Heruka. Meditamos então, estritamente focados, nessa autogeração pelo maior tempo possível.*

A meditação de examinar Heruka-base com consorte

Ademais, eu sou o Abençoado Heruka,
Com um corpo azul escuro, semelhante a uma montanha lazulita.
Tenho quatro faces, que, em sentido anti-horário, são azul, verde, vermelha e amarela.
Minhas duas mãos principais seguram um vajra e um sino, e abraçam minha consorte.

Em sequência, tenho duas mãos que seguram uma pele de elefante,
Duas mãos que seguram um damaru e um khatanga, duas mãos que seguram um machado e uma cuia de crânio com sangue,
Duas mãos que seguram uma faca curva e um laço-vajra, e duas mãos que seguram um tridente e uma cabeça de Brahma com quatro faces.
Eu mostro nove estados de ânimo e uso seis ornamentos de osso.

Minha coroa está adornada com uma meia lua e dois vajras cruzados.
Uso um colar de cabeças humanas e visto, na parte inferior de meu corpo, uma pele de tigre.
Estou em pé sobre um lótus, sol e demônios furiosos, com minha perna direita esticada.
Vajravarahi é vermelha e está adornada com cinco ornamentos de osso.
Ela segura uma faca curva e uma cuia de crânio, e envolve o Pai em união.

A meditação de examinar o mandala de corpo

Os quatro elementos, Monte Meru e a mansão celestial são a natureza das partes purificadas do meu corpo denso como Heruka-base.

No centro, dentro da roda-canal do coração de mim mesmo como Heruka-base, aparecem Heruka Pai e Mãe – o Principal do mandala de corpo – do tamanho de um grão de cevada. Eles são a natureza de minha gota indestrutível branca e vermelha purificada. O Pai tem quatro faces e doze braços.

As pétalas-canais dos elementos, nas quatro direções, aparecem como as Quatro Ioguines, e as pétalas-canais das direções intermediárias aparecem como cuias de crânio repletas de néctares.

Nos vinte e quatro lugares, nas partes superior, mediana e inferior de meu corpo – o contorno do couro cabeludo; a coroa; a orelha direita; a nuca; a orelha esquerda; o ponto entre as sobrancelhas; os dois olhos; os dois ombros; as duas axilas; os dois mamilos; o umbigo; a ponta do nariz; a boca; a garganta; o coração; os dois testículos; a ponta do órgão sexual; o ânus; as duas coxas; as duas panturrilhas; os oito dedos das mãos, exceto os polegares, e os oito dedos dos pés, exceto os dedões; o dorso dos pés; os dois polegares e os dois dedões dos pés; e os dois joelhos – aparecem, em seus canais, ocos, os vinte e quatro Heróis, a natureza dos elementos-gotas, abraçando em união as vinte e quatro Heroínas, a natureza dos canais.

Os canais nas minhas portas sensoriais aparecem como as Oito Deusas dos portais.

Com as sessenta e duas Deidades, a mansão celestial com todas as suas características essenciais, o círculo de proteção e os oito solos sepulcrais – tudo está completo.

Em geral, Buda explicou quatro mandalas: o mandala de areia, o mandala desenhado, o mandala de corpo, e o mandala concentração. No entanto, Mahasiddha Ghantapa disse que os dois primeiros mandalas (o mandala de areia e o mandala desenhado) não são mandalas propriamente ditos, mas apenas criações. A razão pela qual Buda os explicou foi para beneficiar temporariamente aqueles que acreditam que esses dois mandalas são muito importantes.

Uma explicação detalhada sobre como meditar no mandala de corpo de Heruka pode ser encontrada na sadhana extensa, intitulada Essência do Vajrayana, *e no comentário a essa sadhana, também intitulado* Essência do Vajrayana.

Convidar os seres-de-sabedoria e dissolvê-los nos seres de compromisso, em associação com receber a iniciação e demais práticas

PHAIM

Meus três lugares estão marcados pelas três letras. Raios de luz se irradiam da letra HUM e convidam todos os Budas das dez direções – todos no mesmo aspecto daqueles visualizados – juntamente com as Deidades Que-Concedem-Iniciação.

DZA HUM BAM HO

Os seres-de-sabedoria tornam-se inseparáveis dos seres-de-compromisso.

As Deidades Que-Concedem-Iniciação conferem a iniciação, meu corpo é preenchido e experiencio êxtase. O excesso de néctar nas coroas transforma-se totalmente, e o Principal está adornado com Vajrasattva; Vajravarahi está adornada com Akshobya; as Quatro Mães estão adornadas com Ratnasambhava; e as Deidades das Quatro Rodas – as rodas coração, fala, corpo e compromisso – estão adornadas com Akshobya, Amitabha, Vairochana e Amoghasiddhi, respectivamente.

Abençoar a oferenda interior

OM KHANDAROHI HUM HUM PHAT
OM SÖBHAWA SHUDDHA SARWA DHARMA SÖBHAWA SHUDDHO HAM
Tudo se torna vacuidade.

Do estado de vacuidade, do YAM vem vento; do RAM vem fogo; do AH, um tripé de três cabeças humanas. Sobre ele, do AH aparece uma ampla e vasta cuia de crânio. Dentro dela, do OM, KHAM, AM, TRAM, HUM vêm os cinco néctares; e do LAM, MAM, PAM, TAM, BAM vêm as cinco carnes, cada qual marcado por uma das letras. O vento sopra, o fogo arde e as substâncias dentro da cuia de crânio derretem e se fundem. Acima delas, do HUM surge um khatanga branco de cabeça para baixo, que cai e se derrete na cuia de crânio, fazendo com que as substâncias assumam cor de mercúrio. Acima disso, três fileiras sobrepostas de vogais e consoantes transformam-se em OM AH HUM. Deles, raios de luz atraem o néctar de excelsa sabedoria do coração de todos os Tathagatas, Heróis e Ioguines das dez direções. Quando isso é adicionado, o conteúdo aumenta e se torna vasto.
OM AH HUM (3x)

Se você preferir uma bênção abreviada:

HA HO HRIH

Todos os potenciais de impureza de cor, cheiro e sabor são purificados e transformam-se em néctar.

OM AH HUM (3x)

Ele aumenta, torna-se vasto e é abençoado.

Abençoar as oferendas para a autogeração

OM KHANDAROHI HUM HUM PHAT
OM SÖBHAWA SHUDDHA SARWA DHARMA SÖBHAWA SHUDDHO HAM
Tudo se torna vacuidade.

Do estado de vacuidade, de KAMs vêm vastas e amplas cuias de crânio, dentro das quais, de HUMs surgem água para beber, água para banhar, água para a boca, flores, incenso, luzes, perfume, alimentos e música. Por sua natureza, vacuidade, apresentam o aspecto individual de uma das substâncias de oferenda, e servem como objetos de prazer dos seis sentidos para proporcionar especial êxtase incontaminado.

OM AHRGHAM AH HUM
OM PADÄM AH HUM
OM ÄNTZAMANAM AH HUM
OM VAJRA PUPE AH HUM
OM VAJRA DHUPE AH HUM
OM VAJRA DIWE AH HUM
OM VAJRA GÄNDHE AH HUM
OM VAJRA NEWIDE AH HUM
OM VAJRA SHAPTA AH HUM

Fazer oferendas e louvores à autogeração

Incontáveis oferendas, surpreendentemente belas, e deusas louvadoras emanam de meu coração e fazem oferendas e louvores a mim.

Oferendas exteriores

OM AHRGHAM PARTITZA SÖHA
OM PADÄM PARTITZA SÖHA
OM ÄNTZAMANAM PARTITZA SÖHA
OM VAJRA PUPE AH HUM SÖHA
OM VAJRA DHUPE AH HUM SÖHA
OM VAJRA DIWE AH HUM SÖHA

OM VAJRA GÄNDHE AH HUM SÖHA
OM VAJRA NEWIDE AH HUM SÖHA
OM VAJRA SHAPTA AH HUM SÖHA

Oferenda interior

OM HUM BAM RIM RIM LIM LIM, KAM KHAM GAM GHAM NGAM, TSAM TSHAM DZAM DZHAM NYAM, TrAM THrAM DrAM DHrAM NAM, TAM THAM DAM DHAM NAM, PAM PHAM BAM BHAM, YAM RAM LAM WAM, SHAM KAM SAM HAM HUM HUM PHAT OM AH HUM

Oferenda secreta

Os quatro lugares e o lugar secreto são abençoados.
Eu, o Principal Pai e Mãe, entro na união de abraço.
A bodhichitta derrete e, à medida que desce da minha coroa para a minha garganta, experiencio alegria;
À medida que desce da minha garganta para o meu coração, experiencio suprema alegria;
À medida que desce do meu coração para o meu umbigo, experiencio extraordinária alegria;
E, à medida que desce do meu umbigo para a extremidade de minha joia, experiencio grande êxtase espontâneo inseparável da vacuidade.

Oferenda da talidade

O Principal e todo o séquito experienciam uma excelsa sabedoria especial de êxtase e vacuidade.

No intervalo entre as sessões, sempre que desfrutarmos de quaisquer objetos de desejo, primeiro recitamos as seguintes palavras:

"No Templo do corpo de mim mesmo como Heruka-base,
Aparece Heruka Pai e Mãe, a natureza de minha gota branca e vermelha indestrutível purificada,
Rodeado pelos Heróis e Heroínas das Cinco Rodas, a natureza de meus canais e elementos-gotas purificados.

Eu ofereço a ti, síntese de todos os Budas das dez direções,
todos os meus prazeres diários – comer, beber e o desfrute de quaisquer outros objetos de desejo.
Que eu alcance rapidamente a iluminação e me torne igual a ti,
de modo que eu beneficie, fácil e espontaneamente, todos os seres vivos".

Enquanto nos concentramos no significado dessas palavras, desfrutamos de quaisquer objetos de desejo como oferendas aos seres sagrados que residem no Templo de nosso corpo. Essa prática é um método especial para transformar nossos prazeres diários no caminho rápido à iluminação. Isso é tecnologia tântrica!

Louvor

Eu ofereço louvor ao Glorioso Heruka Pai e Mãe, o Principal do mandala de corpo,
Em cujo grande êxtase todos os fenômenos estão reunidos em um,
E à assembleia de Heróis e Heroínas
Que residem nos lugares das Cinco Rodas.

Meditação no estágio de geração de aparência e vacuidade não duais

No vasto espaço da vacuidade de todos os fenômenos, a natureza de minha aparência equivocada de todos os fenômenos purificada – que é a Terra Pura de Keajra – eu apareço como Buda Heruka, com um corpo azul, quatro faces e doze braços, a natureza de minha gota branca indestrutível purificada. Abraço Vajravarahi, a natureza de minha gota vermelha indestrutível purificada. Estou rodeado pelos Heróis e Heroínas das Cinco Rodas, que são a natureza de meu corpo sutil purificado – os canais e os elementos-gotas. Resido no mandala, a mansão celestial, que é a natureza de meu corpo denso purificado. Embora eu tenha essa aparência, ela não é outra senão a vacuidade. Ela é uma manifestação da vacuidade.

Enquanto nos concentramos no significado, repetimos mentalmente:

"Embora eu tenha essa aparência, o mandala sustentado e sustentador inteiro – a natureza de meus corpos denso e sutil purificados – não é nada além que vacuidade, a mera ausência de todos os fenômenos que normalmente vejo ou percebo. Ele é uma manifestação da vacuidade".

Mantemos, então, fortemente esse profundo conhecimento ou experiência, e meditamos estritamente focados nesse conhecimento ou experiência.

Devemos praticar continuamente essa meditação todos os dias, até realizarmos diretamente a aparência e vacuidade não duais. Por meio disso, nossa aparência dual cessará, e iremos nos tornar um ser iluminado.

Essa meditação tem três funções:

1. *Por meditarmos na vacuidade, ela impede de renascermos no samsara;*
2. *Por meditarmos no mandala de corpo, ela abre a porta para nascermos na Terra Pura de Keajra;*
3. *Por meditarmos na união de aparência e vacuidade, alcançaremos a União do estado de Não-Mais-Aprender, a Budeidade, nesta vida.*

As práticas dos três trazeres explicadas aqui purificam nossa morte, estado intermediário e renascimento, e são causas para obtermos, muito rapidamente, os três corpos de um Buda (o Corpo-Verdade, o Corpo-de-Deleite e o Corpo-Emanação).

O corpo muito sutil de um Buda é o Corpo-Verdade. Esse corpo é a base de designação, ou de imputação, do Corpo-Verdade Heruka. "Corpo-Verdade Heruka" é Heruka designado ao Corpo-Verdade.

O Corpo-Forma sutil de um Buda é o Corpo-de-Deleite. Esse corpo é a base de designação, ou de imputação, do Corpo-de-Deleite

Heruka. "Corpo-de-Deleite Heruka" é Heruka designado ao Corpo-de-Deleite.

O Corpo-Forma denso de um Buda é o Corpo-Emanação. Esse corpo é a base de designação, ou de imputação, do Corpo--Emanação Heruka. "Corpo-Emanação Heruka" é Heruka designado ao Corpo-Emanação.

Em geral, precisamos distinguir entre Corpo-Emanação e uma emanação. Somente os Budas têm o Corpo-Emanação, mas uma emanação pode ter qualquer aspecto: de um Buda ou de algo que não seja um Buda. Por exemplo, há muitos objetos inanimados – como navios e pontes – que são emanações.

Recitar os mantras

Abençoar o mala

O mala torna-se Pemanarteshvara, a natureza da fala-vajra de todos os Budas.

Como recitar os mantras

Pela recitação dos mantras, transformarei minha mente na mente de clara-luz de grande êxtase de Heruka, inseparável da vacuidade, a mera ausência de todos os fenômenos que normalmente vejo ou percebo.

O mantra a ser recitado sai do HUM em meu coração e, então, desce e sai pela extremidade do meu vajra, entra pela bhaga da consorte, sobe, sai por sua boca, entra em minha boca, desce, e se dissolve novamente no HUM. O mantra circula então, novamente, como antes, saindo e tornando a entrar em meu canal central. Minhas quatro bocas e todas as Deidades do séquito recitam os mantras.

Os mantras a serem recitados

O mantra-essência do Pai

OM SHRI VAJRA HE HE RU RU KAM HUM HUM PHAT DAKINI DZALA SHAMBARAM SÖHA

O mantra-essência-aproximador do Pai

OM HRIH HA HA HUM HUM PHAT

O mantra-essência da Mãe

OM VAJRA BEROTZANIYE HUM HUM PHAT SÖHA

O mantra-essência-aproximador da Mãe

OM SARWA BUDDHA DAKINIYE VAJRA WARNANIYE HUM HUM PHAT SÖHA

As recitações dos mantras-essência e dos mantras-essência--aproximadores são o método especial para alcançarmos a união de grande êxtase e vacuidade, união essa que é a verdadeira essência do Tantra Ioga Supremo. Por essa razão, o primeiro mantra é denominado "essência". O segundo mantra é denominado "essência-aproximador", o que significa que sua função é semelhante à do primeiro mantra, o mantra-essência.

O mantra do séquito

OM RIM RIM LIM LIM, KAM KHAM GAM GHAM NGAM, TSAM TSHAM DZAM DZHAM NYAM, TrAM THrAM DrAM DHrAM NAM, TAM THAM DAM DHAM NAM, PAM PHAM BAM BHAM, YAM RAM LAM WAM, SHAM KAM SAM HAM HUM HUM PHAT

Recitamos o mantra quantas vezes desejarmos.

Ao final da recitação desse mantra, meditamos em nossa mente como sendo a mente de clara-luz de grande êxtase de Heruka, inseparável da vacuidade, a mera ausência de todos os fenômenos que normalmente vemos ou percebemos.

Tormas de oferenda à Assembleia de Heruka

Para um retiro-aproximador, é necessário recitar cem mil vezes cada um destes mantras: o mantra-essência do Pai, o mantra-essência-aproximador do Pai, o mantra-essência da Mãe, e o mantra-essência-aproximador da Mãe. O mantra do séquito deve ser recitado dez mil vezes.

Se desejarmos recitar os mantras-raiz do Pai e da Mãe, os mantras-armadura do Pai e da Mãe e os mantras longos do séquito, eles podem ser encontrados na sadhana extensa de autogeração, Essência do Vajrayana.

Oferecer a torma

Abençoamos a torma do mesmo modo como abençoamos anteriormente a oferenda interior.

Geração-em-frente

PHAIM
De uma letra HUM sobre um assento de sol em meu coração, raios de luz se irradiam e convidam, ao espaço a minha frente, todo o mandala de corpo juntamente com todos os séquitos mundanos – tais como os guardiões direcionais que residem nos oito solos sepulcrais.

OM AHRGHAM PARTITZA SÖHA
OM PADÄM PARTITZA SÖHA
OM ÄNTZAMANAM PARTITZA SÖHA
OM VAJRA PUPE AH HUM SÖHA
OM VAJRA DHUPE AH HUM SÖHA
OM VAJRA DIWE AH HUM SÖHA
OM VAJRA GÄNDHE AH HUM SÖHA
OM VAJRA NEWIDE AH HUM SÖHA
OM VAJRA SHAPTA AH HUM SÖHA

De um HUM branco na língua de cada convidado, surge um vajra branco tridentado, através do qual eles compartilham da essência da torma, sorvendo-a por canudos de luz da espessura de apenas um grão de cevada.

OM VAJRA AH RA LI HO: DZA HUM BAM HO: VAJRA DAKINI SAMAYA TÖN TRISHAYA HO (3x)

Recitamos isso três vezes. Com a primeira recitação, oferecemos a torma ao Pai-Principal; com a segunda recitação, oferecemos a torma à Mãe-Principal; e com a terceira recitação, oferecemos a torma ao séquito.

Oferendas exteriores

OM AHRGHAM PARTITZA SÖHA
OM PADÄM PARTITZA SÖHA
OM ÄNTZAMANAM PARTITZA SÖHA
OM VAJRA PUPE AH HUM SÖHA
OM VAJRA DHUPE AH HUM SÖHA
OM VAJRA DIWE AH HUM SÖHA
OM VAJRA GÄNDHE AH HUM SÖHA
OM VAJRA NEWIDE AH HUM SÖHA
OM VAJRA SHAPTA AH HUM SÖHA

Oferenda interior

OM HUM BAM RIM RIM LIM LIM, KAM KHAM GAM GHAM NGAM, TSAM TSHAM DZAM DZHAM NYAM, TrAM THrAM DrAM DHrAM NAM, TAM THAM DAM DHAM NAM, PAM PHAM BAM BHAM, YAM RAM LAM WAM, SHAM KAM SAM HAM HUM HUM PHAT OM AH HUM

Louvor e prostrações

Eu ofereço louvor e prostrações ao Guru Protetor Heruka,
Que, do jogo de grande êxtase e da união de AH e HAM –
No qual tudo está reunido em um –
Emana a assembleia das Deidades das Cinco Rodas.

Pedir a satisfação dos desejos

Tu, que destruíste igualmente o apego pelo samsara e pela paz solitária, assim como todas as conceitualizações,
Que vês todas as coisas que existem por todo o espaço;
Ó Protetor, dotado com forte compaixão, que eu seja abençoado pelas águas da tua compaixão,
E que as Dakinis me tomem sob seus cuidados amorosos.

Oferecer a torma às Deidades mundanas

Os guardiões direcionais, guardiões regionais, nagas e assim por diante, que residem nos oito grandes solos sepulcrais, ingressam instantaneamente na clara-luz e surgem na forma das Deidades de Heruka no aspecto de Pai e Mãe. De um HUM branco na língua de cada convidado, surge um vajra branco tridentado, através do qual eles compartilham da essência da torma, sorvendo-a por canudos de luz da espessura de apenas um grão de cevada.

OM KHA KHA, KHAHI KHAHI, SARWA YAKYA RAKYASA, BHUTA, TRETA, PISHATSA, UNATA, APAMARA, VAJRA DAKA, DAKI NÄDAYA, IMAM BALING GRIHANTU, SAMAYA RAKYANTU, MAMA SARWA SIDDHI METRA YATZANTU, YATIPAM, YATETAM, BHUDZATA, PIWATA, DZITRATA, MATI TRAMATA, MAMA SARWA KATAYA, SÄDSUKHAM BISHUDHAYE, SAHAYEKA BHAWÄNTU, HUM HUM PHAT PHAT SÖHA (2x)

Recitamos isso duas vezes, oferecendo aos convidados nas direções cardeais e intermediárias.

Oferendas exteriores

OM AHRGHAM PARTITZA SÖHA
OM PADÄM PARTITZA SÖHA
OM VAJRA PUPE AH HUM SÖHA
OM VAJRA DHUPE AH HUM SÖHA
OM VAJRA DIWE AH HUM SÖHA
OM VAJRA GÄNDHE AH HUM SÖHA
OM VAJRA NEWIDE AH HUM SÖHA
OM VAJRA SHAPTA AH HUM SÖHA

Oferenda interior

Às bocas dos guardiões direcionais, guardiões regionais, nagas, e assim por diante, OM AH HUM

Pedidos

Que eu e os demais praticantes
Tenhamos boa saúde, vida longa, poder,
Glória, fama, fortuna
E extensos prazeres.

Por favor, concedei-me as aquisições
Das ações pacificadoras, crescentes, controladoras e iradas.
Ó Guardiões, ajudai-me sempre.
Erradicai toda morte prematura, doenças,
Danos causados por espíritos e obstruções.
Eliminai sonhos ruins,
Maus presságios e más ações.

Que haja felicidade no mundo e os anos por vir sejam bons,
Que as colheitas aumentem e o Dharma floresça.
Que toda bondade e felicidade aconteçam
E todos os desejos sejam realizados.

Dissolução e geração das Deidades-ação

Os solos sepulcrais e o círculo de proteção se dissolvem na mansão celestial.
A mansão celestial se dissolve em Heruka-base.
As Deidades do mandala de corpo se dissolvem em seus próprios lugares, abençoando meus canais e elementos-gotas.
Heruka-base se converte em luz e se dissolve na vacuidade.

Do estado de vacuidade, eu surjo como o Abençoado Heruka, com um corpo azul, uma face e duas mãos que seguram um vajra e um sino. Estou em pé, com minha perna direita esticada, unido em abraço com a Mãe Vajravarahi, que é vermelha, com uma face e duas mãos que seguram uma faca curva e cuia de crânio.

Meditação na primeira das cinco etapas do estágio de conclusão, a etapa de abençoar o *self*

Dentro do meu canal central, no centro da minha roda-canal do coração, encontra-se uma gota. Sua metade superior branca e a metade inferior vermelha estão unidas. Ela é do tamanho de uma pequena ervilha, e irradia raios de luz de cinco cores.

No interior dessa gota está meu vento e mente indestrutíveis no aspecto de uma letra HUM, que é branca com um sombreado vermelho. Ela é da natureza de Heruka. O minúsculo *nada* de três curvas do HUM, tão fino quanto a ponta de um cabelo, é vermelho no topo e branco-avermelhado na base. Ele é extremamente brilhante, irradia luz vermelha, e goteja néctar cuja natureza é grande êxtase. Minha mente é inseparavelmente *una* com esse *nada*.

Meditamos estritamente focados nesse nada *do HUM, que é inseparavelmente* uno *com nossa mente. Devemos conquistar uma profunda experiência dessa meditação por meio de praticá-la continuamente.*

Heruka de Dois Braços

Preces dedicatórias

Assim, por minhas virtudes de corretamente fazer as oferendas,
louvores, recitações e meditações
Do estágio de geração do Glorioso Heruka,
Que eu complete todas as etapas
Dos caminhos comum e incomum.

Para o benefício de todos os seres vivos
Que eu me torne Heruka;
E, então, conduza cada ser vivo
Ao estado supremo de Heruka.

E, se eu não alcançar esse estado supremo nesta vida,
Que eu seja encontrado, na hora da minha morte, pelos Veneráveis
Pai e Mãe e seus séquitos,
Com nuvens de oferendas extremamente belas, música celestial,
E muitos sinais auspiciosos e excelentes.

Então, ao final da clara-luz da morte,
Que eu seja conduzido à Terra Pura de Keajra,
A morada dos Detentores do Saber, que praticam o caminho
supremo;
E que, ali, eu conclua rapidamente esse caminho profundo.

Que a mais profunda prática e instrução de Heruka,
Praticada por milhões de poderosos iogues, aumente
imensamente;
E que ela permaneça por muito tempo sem se degenerar,
Como a entrada principal para os que buscam libertação.

Que os Heróis, Dakinis e seus séquitos,
Que residem nos vinte e quatro lugares supremos de Heruka
neste mundo,
Que possuem um poder livre de obstruções para realizarem
este método,
Nunca oscilem em ajudar continuamente os praticantes.

Em resumo, que eu nunca esteja separado do Venerável Guru
Pai e Mãe,
Mas esteja sempre sob seu cuidado amoroso e receba suas bênçãos.
Deste modo, que eu conclua velozmente todos os solos e caminhos,
E alcance rapidamente o estado de Heruka.

Preces auspiciosas

Que haja a auspiciosidade de um grande tesouro de bênçãos
Surgindo dos excelentes feitos do Guru-raiz e de todos os
Gurus-linhagem,
Que realizaram a suprema aquisição de Buda Heruka
Por confiarem no excelente caminho secreto do Rei dos Tantras.

Que haja a auspiciosidade dos grandes e excelentes feitos das
Três Joias –
A sagrada Joia Buda, a natureza de Heruka que tudo permeia;
A magnífica e secreta Joia Dharma última, as escrituras e
realizações do Tantra de Heruka;
E a suprema Joia Sangha, as assembleias de Deidades do séquito
de Heruka.

Por toda a grande boa fortuna que existe
Nas preciosas mansões celestiais, tão extensas como os três mil
mundos,
Adornadas com ornamentos semelhantes aos raios do sol e da lua,
Que todos os mundos e seus seres tenham felicidade, bondade,
glória e prosperidade.

Quando fazemos um retiro-aproximador com quatro sessões, não há necessidade de, nas três primeiras sessões, oferecer a torma ou recitar as preces auspiciosas. Nas três últimas sessões, não há necessidade de fazer a meditação e recitação de Vajrasattva ou de abençoar a oferenda interior.

Tendo percebido que os praticantes modernos necessitam de uma sadhana do mandala de corpo de Heruka que não contenha um texto extenso, mas que seja fácil de compreender e praticar, eu preparei esta prática, que é a verdadeira essência do mandala de corpo de Heruka, fundamentado nas instruções dos grandes eruditos Gungtang Tenpai Dronme, Ngulchu Dharmabhadra, Je Phabongkhapa e Vajradhara Trijang Rinpoche.

Por essas virtudes, que o sagrado Dharma apresentado no Tantra de Heruka floresça para sempre.

Cólofon: Esta sadhana, ou prece ritual para obter aquisições espirituais, foi compilada por Venerável Geshe Kelsang Gyatso Rinpoche a partir de fontes tradicionais. 2015.

Mandala para o puja do fogo de Heruka

Khatanga, vaso-vitória, funil para o puja do fogo e concha para o puja do fogo

PARTE QUATRO

A Essência das Cinco Etapas do Estágio de Conclusão de Heruka

A Essência das Cinco Etapas do Estágio de Conclusão de Heruka

As cinco etapas do estágio de conclusão de Heruka são:

1. A etapa de abençoar o *self*;
2. A etapa do vajra de várias qualidades;
3. A etapa de preencher com joias;
4. A etapa de dzöladhara;
5. A etapa da inconceptibilidade.

A ETAPA DE ABENÇOAR O *SELF*

Essa etapa é dividida em duas:

1. Como meditar na etapa de abençoar o *self*-com-semente;
2. Como meditar na etapa de abençoar o *self*-sem-semente.

Neste contexto, "abençoar o *self*" refere-se a abençoar a base de designação, ou de imputação, do *self* – que é o nosso vento e mente indestrutíveis. Nosso *vento e mente indestrutíveis*, nosso *vento e mente muito sutis* e nosso *corpo e mente residente-contínuos* são sinônimos. Se praticarmos, pura e continuamente, a meditação das etapas de abençoar o *self*, receberemos a bênção especial de Heruka – que é a manifestação de todos os Budas – em nosso vento e mente indestrutíveis: ou seja, em nosso corpo e mente residente-contínuos. Devido a isso, nossos ventos interiores dos canais direito e esquerdo irão entrar, permanecer e, por fim, dissolver-se na união de nosso vento e mente indestrutíveis. Assim, experienciaremos a realização denominada "clara-luz-exemplo última", pela qual obteremos o corpo imortal: o corpo-ilusório. A partir desse momento, seremos uma pessoa imortal.

COMO MEDITAR NA ETAPA DE ABENÇOAR O *SELF*-COM-SEMENTE

PRÁTICAS PRELIMINARES

Primeiramente, devemos desenvolver o supremo bom coração, a bodhichitta, que deseja sinceramente libertar todos os seres vivos permanentemente do sofrimento através de nós próprios nos tornarmos o ser iluminado Heruka; e devemos, também, desenvolver a compreensão e a crença de que nosso corpo, nosso *self* e todos os demais fenômenos que normalmente vemos ou percebemos não existem de modo algum. Com a experiência desses caminhos comuns, imaginamos e pensamos: "Eu sou Heruka, com um corpo azul, uma face e dois braços. Meu corpo é da natureza da luz, sem nenhum contato obstrutivo, como o azul do céu". Meditamos nessa autogeração por um breve período. Esta é a primeira prática preliminar.

A segunda prática preliminar é a meditação no canal central. Contemplamos, como segue:

> *Meu canal central está localizado exatamente no meio, entre as metades esquerda e direita do meu corpo, mais próximo das costas do que da frente. Imediatamente na frente da coluna, está o canal da vida, que é muito grosso, e, em frente a ele, está o canal central. Ele segue em linha reta, desde a coroa da minha cabeça até a ponta do meu órgão sexual, como o pilar do corpo. Ele é azul-pálido por fora e vermelho-oleoso por dentro. Ele é claro e transparente, muito macio e flexível.*

Bem no início da prática, se desejarmos, podemos visualizar o canal central como sendo bem largo e, depois, gradualmente visualizá-lo menor e menor, até, por fim, sermos capazes de visualizá-lo como tendo a espessura de um canudo de beber. Contemplamos repetidamente desse modo, até percebermos uma imagem genérica do nosso canal central. Então, concentramo-nos estritamente focados no canal central na altura do nosso coração, ao mesmo tempo que acreditamos que nossa mente está dentro do canal central em nosso coração, e meditamos nisso. Devemos treinar continuamente desse modo, até obtermos profunda experiência disso.

A terceira prática preliminar é a meditação na gota indestrutível. Tendo obtido alguma experiência da meditação no canal central no coração, meditamos então na gota indestrutível. Contemplamos, como segue:

Dentro do meu canal central, na altura do coração, há um pequeno vacúolo. Dentro dele, está a minha gota indestrutível. Ela é do tamanho de uma pequena ervilha, com a metade superior branca e a metade inferior vermelha. A gota indestrutível é como uma ervilha que foi cortada ao meio, levemente escavada e, então, unida novamente. Ela é a verdadeira essência de todas as gotas e é muito pura e sutil. Apesar de ser a substância do sangue e do esperma, ela possui uma natureza muito clara, como uma minúscula bola de cristal que irradia raios de luz de cinco cores.

Contemplamos repetidamente desse modo, até percebermos uma imagem genérica clara da nossa gota indestrutível em nosso coração, dentro do canal central. Com a sensação de que a nossa mente está dentro da nossa gota indestrutível no coração, meditamos de modo estritamente focado nessa gota, sem distrações.

A MEDITAÇÃO PROPRIAMENTE DITA NA ETAPA DE ABENÇOAR O *SELF*-COM-SEMENTE

MEDITAÇÃO NO VENTO E MENTE INDESTRUTÍVEIS

Contemplamos, como segue:

> *Dentro da minha gota indestrutível, encontra-se a união do meu vento e mente indestrutíveis, no aspecto de uma minúscula letra HUM, que é meu Guru Heruka. Essa letra HUM é do tamanho de um grão de cevada, é branco-avermelhada e irradia raios de luz de cinco cores.*

Consideramos que a gota indestrutível é como uma caverna, e que o nosso vento e mente indestrutíveis – no aspecto de uma letra HUM – são como uma pessoa habitando essa caverna. Contemplamos repetidamente desse modo, até percebermos a letra HUM dentro da gota indestrutível, no centro da roda-canal do coração.

Depois, concentramo-nos principalmente no *nada*, que está em cima da letra HUM. Ele é vermelho no topo e branco-avermelhado na base. O *nada* irradia luz vermelha e goteja néctar. Imaginamos que os cinco ventos que fluem pelas cinco portas dos sentidos (tais como o vento-movedor) e as cinco mentes (tais como a percepção visual) dissolvem-se no *nada*; e sentimos que a nossa mente ingressou no *nada*. Meditamos então estritamente focados no *nada*. Se acharmos isso difícil, podemos imaginar o *nada* como sendo extremamente denso e pesado – imaginá-lo assim pode nos ajudar a absorver nossa mente nele.

Se fizermos essa meditação repetidamente, nossos ventos interiores irão entrar em nosso canal central quando alcançarmos a segunda permanência mental. Posteriormente, quando alcançarmos a quarta permanência mental, nossos ventos irão entrar, permanecer e se dissolver no canal central, e experienciaremos realmente os oito sinais de dissolução – desde a aparência miragem até a clara-luz.

Como foi explicado no livro *Clara-Luz de Êxtase*, há dez portas pelas quais os ventos podem entrar no canal central. De acordo com este sistema, escolhemos a roda-canal do coração. É importante fazer sempre essa meditação suavemente, sem forçar. Algumas pessoas dizem que nossa prática da meditação do estágio de conclusão não deve ser iniciada no coração, porque ela pode causar doenças, como a "doença do vento"; Je Tsongkhapa, entretanto, teceu os mais altos louvores a essa prática. Ele disse que, porque o objeto de meditação – o HUM – é a essência de Guru Heruka, isso nos impede de experienciar qualquer obstáculo. Se fizermos essa meditação de modo suave e regular, durante um longo período, é definitivamente certo que ela fará com que os nossos ventos se dissolvam em nosso canal central, o que nos levará a uma experiência muito clara e vívida da clara-luz.

Ghantapa disse:

> Devemos meditar, estritamente focados,
> Na gota indestrutível que reside sempre no nosso coração.
> Aqueles que estão familiarizados com essa meditação
> Definitivamente desenvolverão excelsa sabedoria.

Neste contexto, "excelsa sabedoria" significa a sabedoria da clara-luz de êxtase experienciada quando os nós na roda-canal do coração são afrouxados. De todos os nós no canal central, esses são os mais difíceis de serem afrouxados; mas, se, desde o começo da nossa prática do estágio de conclusão, nos concentrarmos em nossa roda-canal do coração, isso irá nos ajudar a afrouxar esses nós. Essa meditação, portanto, é um método poderoso para obter qualificadas realizações do estágio de conclusão.

Por que esta meditação é denominada "abençoar o *self*-com-semente?". Como mencionado anteriormente, *self* refere-se, neste contexto, ao vento e mente indestrutíveis, que são o nosso corpo e mente verdadeiros, e, portanto, são a base para designarmos, ou imputarmos, nosso verdadeiro *self*. Por meio desta meditação, receberemos bênçãos especiais sobre o nosso vento e mente muito sutis.

Esta é a razão pela qual esta meditação é denominada "abençoar o *self*-com-semente". Aqui, "semente" refere-se à letra HUM, a letra-semente de Heruka. Além disso, como resultado do nosso vento e mente muito sutis serem abençoados através desta meditação, nossa mente muito sutil transforma-se na clara-luz de êxtase.

Até que recebamos sinais de que os nossos cinco ventos estão realmente entrando, permanecendo e se dissolvendo em nosso canal central, simplesmente imaginamos que isso está acontecendo. Imaginamos que estamos percebendo os oito sinais (desde a aparência miragem até a clara-luz) e, então, fixamos nossa mente, estritamente focados, nessa clara-luz imaginada. Tentamos perceber apenas a clara-luz-vacuidade e, com base nessa experiência, desenvolvemos orgulho divino de sermos o Corpo-Verdade Heruka. Isso é denominado "fundir-se com o Corpo-Verdade durante o estado da vigília".

Depois de um breve período, imaginamos que, da vacuidade do Corpo-Verdade, surgimos no aspecto de um Heruka branco, e desenvolvemos orgulho divino de sermos o Corpo-de-Deleite Heruka. Isso é denominado "fundir-se com o Corpo-de-Deleite durante o estado da vigília".

Antes de darmos início à nossa meditação do estágio de conclusão, havíamos nos gerado como Heruka azul com uma face e dois braços. Embora tenhamos interrompido nossa concentração *nesse* Heruka como um objeto de meditação, não dissolvemos essa visualização e, portanto, ela continua presente durante essas duas primeiras etapas de fundir-se com o Corpo-Verdade e com o Corpo-de-Deleite durante o estado da vigília, do mesmo modo que o nosso corpo denso continua a existir durante todo o processo de dormir e sonhar, apesar do nosso corpo denso não ser um objeto das mentes de dormir e de sonhar. O Heruka branco ingressa, agora, pela coroa do Heruka azul. Esse Heruka azul é o ser-de-compromisso, e o Heruka branco que ingressou nele é o ser-de-sabedoria. O Heruka branco permanece no coração do Heruka azul. Focamo-nos no corpo do Heruka azul e desenvolvemos orgulho divino de sermos o Corpo-Emanação Heruka. Isso é denominado "fundir-se com o Corpo-Emanação durante o estado da vigília". Saímos então da meditação e nos envolvemos nas atividades do intervalo entre meditações, com orgulho divino de sermos o Corpo-Emanação Heruka.

Podemos, em uma mesma sessão, praticar essas três "fusões" uma, três ou sete vezes – isso irá depender do nosso tempo e capacidade. Essa prática das três fusões é muito semelhante à prática dos três trazeres do estágio de geração. A prática do estágio de conclusão de trazer os três corpos para o caminho é a mesma que a prática das três fusões. Se ganharmos experiência das três fusões durante o estado da vigília, podemos avançar e praticá-las durante o sono e, depois, durante a morte. A maneira de fazer isso está explicada no livro *Clara-Luz de Êxtase*.

Em resumo, meditar no *nada* que está acima do HUM, na roda-canal do coração, e praticar as três fusões faz com que nossos ventos interiores entrem, permaneçam e se dissolvam em nosso canal central, levando-nos a uma experiência muito nítida e vívida da clara-luz. Antes de obtermos as verdadeiras realizações, treinamos nessas três fusões usando nossa imaginação. Uma vez que tenhamos experienciado as três fusões durante o estado da vigília e durante o sono, seremos capazes de, quando estivermos morrendo, praticar as três fusões durante a morte. Morreremos, então, com uma mente feliz e pacífica, e seremos capazes de escolher nosso próximo renascimento. Por fim, alcançaremos os corpos-resultantes de um Buda.

COMO MEDITAR NA ETAPA DE ABENÇOAR O *SELF*-SEM-SEMENTE

Nesta etapa, praticamos a recitação vajra, que é um método especial para controlar os ventos interiores. No Tantra Ioga Supremo, o termo "vajra" refere-se ao grande êxtase. Devemos saber que o grande êxtase é, necessariamente, um êxtase que surge do derretimento das gotas dentro do canal central, como resultado dos ventos interiores entrarem, permanecerem e se dissolverem no canal central. Esse êxtase é experienciado unicamente por praticantes do Tantra Ioga Supremo e pelos Budas.

Como foi mencionado acima, o propósito principal de abençoar o *self* é o de controlar os ventos interiores. Abençoar o *self*-com-semente estabelece o fundamento para abençoar o *self*-sem-semente, ou recitação vajra. Começamos por visualizar o canal central e a gota indestrutível como antes, mas, em vez de visualizarmos a letra-semente HUM dentro da gota, visualizamos agora apenas o *nada*, que é da natureza do nosso vento muito sutil. Essa é a razão pela qual essa prática é denominada "sem-semente".

Esse minúsculo *nada* de três curvas, de cor branca e tão fino quanto a ponta de um fio de cabelo, é da natureza do vento muito sutil de sustentação vital, em nosso coração. Focamo-nos no *nada* e, então, imaginamos que o nosso vento de sustentação vital surge suavemente do *nada*, subindo pelo nosso canal central como uma fumaça branca de incenso. À medida que o vento de sustentação vital sobe, ele faz o som HUM. Devemos sentir que o vento, ele próprio, faz esse som, e que a nossa mente simplesmente o ouve. Gradualmente, o vento de sustentação vital alcança o centro da roda-canal da garganta. Mantemos o vento nesse local por alguns instantes, ainda fazendo o som HUM, e então permitimos que ele desça vagarosamente. À medida que desce, o vento faz o som OM. Por fim, ele alcança o centro da roda-canal do coração e se dissolve no *nada*. Ele permanece ali por um breve período, fazendo o som AH. Depois, o vento de sustentação vital sobe novamente para a garganta fazendo o som HUM, desce fazendo o som OM e permanece no *nada*, fazendo o som AH. Devemos repetir esse ciclo diversas vezes. Por fim, concentramo-nos estritamente focados apenas no vento permanecendo no *nada*, no coração, fazendo o som AH.

Quando tivermos obtido alguma familiaridade com essa meditação, faremos então a seguinte alteração. Damos início à meditação como antes, porém, quando o vento subir, em vez de ele permanecer na garganta, permitimos que continue a subir sem interrupção até a coroa, o tempo todo produzindo o som HUM. O vento permanece na coroa muito brevemente e, então, desce vagarosamente de volta ao *nada*, no coração, fazendo o som OM. Ele permanece então no *nada* por um breve período, produzindo o som AH. Repetimos esse ciclo diversas vezes. Por fim, concentramo-nos apenas no vento permanecendo no *nada*, no coração, fazendo o som AH.

Quando tivermos obtido alguma familiaridade com essa segunda meditação, imaginamos que o vento de sustentação vital surge do vento indestrutível, que está na forma de um *nada*; o vento de sustentação vital sobe então até as narinas, sem se deter na garganta ou na coroa, e, à medida que sobe, ele produz o som HUM. O vento de sustentação vital permanece nas narinas muito brevemente e, então, retorna vagarosamente para o coração fazendo o som OM, e permanece no coração produzindo o som AH. Repetimos esse ciclo diversas vezes e o concluímos concentrando-nos, estritamente focados, no *nada* fazendo o som AH no coração.

Por meio dessa meditação, nossa experiência dos ventos interiores entrando, permanecendo e se dissolvendo em nosso canal central será muito mais forte que a anterior, e perceberemos os oito sinais – desde a aparência miragem até a clara-luz – de modo mais claro que antes. Até que isso realmente aconteça, devemos *imaginar* que está acontecendo. Em ambos os casos, devemos meditar estritamente focados na clara-luz de êxtase misturada com a vacuidade e, focando-nos nessa união, desenvolver orgulho divino de sermos o Corpo-Verdade Heruka. Depois, como antes, surgimos na forma de um Heruka branco, e desenvolvemos orgulho divino de sermos o Corpo-de-Deleite Heruka. Esse Heruka branco ingressa pela coroa do Heruka azul, gerado no início da sessão, e permanece no coração dele; desenvolvemos então orgulho divino de sermos o Corpo-Emanação Heruka. Podemos concluir a sessão nesse ponto e envolvermo-nos nas atividades do intervalo entre as meditações, ou podemos repetir o ciclo inteiro novamente.

A recitação vajra cumpre duas funções principais: (1) controlar nossos ventos interiores por meio de unificá-los com mantra, e (2) afrouxar os nós do canal central no coração. Com relação à primeira função, é importante pensar que, quando fazemos essa meditação, os nossos ventos interiores se transformaram no mantra, produzindo o som HUM, OM e AH. O vento muito sutil é a raiz de toda fala, incluindo mantra. Toda a nossa fala densa rotineira depende dos nossos ventos interiores densos, que se desenvolvem do vento interior muito sutil. Quando nos geramos como a Deidade, identificamos nossa fala como sendo o mantra da Deidade. Por treinar a recitação vajra, gradualmente purificamos nossos ventos interiores. À medida que nosso vento interior torna-se puro, nossa mente torna-se pura, e, desse modo, obtemos mais controle sobre nossos ventos interiores e, em consequência disso, sobre nossas mentes. Quando, por força de meditação, obtivermos a habilidade de fazer com que os nossos ventos interiores entrem, permaneçam e se dissolvam no canal central, facilmente e sem obstáculos, poderemos dizer que estamos controlando nossos ventos interiores. No entanto, há muitos níveis de controle dos ventos interiores. É ensinado que praticantes que concluíram a recitação vajra podem misturar seus ventos interiores com os ventos exteriores do mundo inteiro, reunir todos esses ventos (exteriores e interiores) no canal central e transformá-los no mantra OM AH HUM. Por controlarem os ventos desse modo, esses praticantes alcançam muitos poderes miraculosos especiais.

Com relação à segunda função, podemos afrouxar os nós do canal central no coração por meio da recitação vajra, mas não totalmente. Para afrouxar esses nós totalmente, precisamos esperar pelo momento da morte ou confiar em um mudra-ação. Quando tivermos afrouxado totalmente os nós no canal do coração pela prática do estágio de conclusão, obteremos a mente-isolada da clara-luz-exemplo última; e, quando sairmos do equilíbrio da clara-luz-exemplo última, teremos obtido o corpo-ilusório – o corpo imortal. O corpo imortal é o corpo-divino propriamente dito, e não um corpo gerado por imaginação. Em resumo, para alcançar o corpo-divino propriamente dito, precisamos obter a clara-luz-exemplo última e, para fazer isso, precisamos afrouxar os nós da roda-canal do coração pelo treino na recitação vajra.

Quando alcançarmos uma concentração estável na recitação vajra, em associação com o vento de sustentação vital, poderemos então fazer a recitação vajra em associação com os cinco ventos secundários que fluem pelas portas dos sentidos. Por exemplo, o primeiro vento secundário – o vento movedor – surge do nosso vento muito sutil e flui para o nosso órgão da visão, fazendo com que nossa percepção visual mova-se para seu objeto – uma forma visual – e, assim, capacitando-nos a enxergá-la. Sem esse vento, não teríamos percepção visual. No momento presente, esse vento é impuro, e, por essa razão, nossa percepção visual é impura e vemos unicamente um mundo impuro. No entanto, se purificarmos nosso vento movedor, nossa percepção visual irá se tornar pura e veremos as Terras Puras dos Budas.

Para purificar o vento movedor, concentramo-nos no vento movedor surgindo do *nada* dentro da gota indestrutível, fluindo para os dois olhos, descendo novamente e permanecendo dentro da gota indestrutível, produzindo os sons HUM, OM e AH. Quando ganharmos profunda experiência nessa meditação, teremos alcançado clarividência visual. De modo semelhante, ao obtermos profunda experiência da recitação vajra com respeito ao segundo vento secundário – o vento intensamente movedor, que sustenta a percepção auditiva – teremos alcançado clarividência auditiva. Mais explicações sobre como fazer essas meditações e como misturar os ventos exteriores com os nossos ventos interiores podem ser encontradas no livro *Solos e Caminhos Tântricos*.

COMO MEDITAR NA ETAPA DO VAJRA DE VÁRIAS QUALIDADES

Na Parte Um, está dito: "Na prática propriamente dita do Mahamudra, quando meditamos no estágio de conclusão, há duas tradições para penetrar o corpo-vajra". Se seguirmos a primeira tradição, precisaremos confiar em um mudra-ação para experienciar a clara-luz plenamente qualificada, ou clara-luz-exemplo última. No entanto, confiar em um mudra-ação poderá nos conduzir a essa realização somente se já tivermos a habilidade de controlar nossas gotas, ou bodhichitta. Se tivermos a habilidade de, quando a bodhichitta

Vajra unidentado

derreter em nossos canais e alcançar a ponta do nosso órgão sexual, mantê-la ali pelo tempo que desejarmos, sem expeli-la enquanto experienciamos êxtase, isso irá indicar que temos controle sobre nossas gotas. Essa habilidade é obtida pelo treino nas duas etapas do vajra de várias qualidades.

As duas etapas do vajra de várias qualidades são:

1. A etapa do vajra de várias qualidades com semente;
2. A etapa do vajra de várias qualidades sem semente.

COMO MEDITAR NA ETAPA DO VAJRA DE VÁRIAS QUALIDADES COM SEMENTE

Começamos visualizando claramente nosso canal central e imaginando que, porque nos geramos como Heruka em união com Vajravarahi, as extremidades inferiores dos nossos canais centrais estão unidas. Visualizamos o canal central do Pai projetando-se levemente do seu vajra e unindo-se ao canal central da Mãe, dentro de sua *bhaga*. Dentro da parte do canal central do Pai que se projetou para além do seu vajra, visualizamos a mente de grande êxtase de Heruka na forma de um minúsculo vajra unidentado, que é branco com um sombreado vermelho, e é do tamanho de um grão de cevada. No centro do vajra, visualizamos o próprio Heruka na forma de uma diminuta letra HUM azul. A parte branca do vajra é a bodhichitta branca, e a parte vermelha é a bodhichitta vermelha. A substância do vajra é, portanto, as gotas, mas sua verdadeira natureza é o grande êxtase de Heruka. Visualizamos isso para nos lembrarmos da experiência de grande êxtase.

Imaginamos agora que nossa mente, juntamente com a gota indestrutível no coração, desce pelo canal central e se dissolve na letra HUM no centro do minúsculo vajra. É essencial sentir que a nossa mente dissolveu-se por inteiro no HUM. Meditamos então estritamente focados no vajra, ao mesmo tempo que experienciamos grande êxtase, pelo maior tempo possível. Por fim, imaginamos que o vajra e o HUM transformam-se no aspecto da gota indestrutível, que então sobe vagarosamente pelo canal central. Quando ela alcança o ponto vital no centro da nossa roda-canal do umbigo, mantemos a gota ali por um breve período, com concentração estritamente focada e sem distrações. A gota então continua a subir pelo canal central até alcançar o centro exato da roda-canal do coração – a sua verdadeira localização. Mantemos a gota ali com forte concentração, até percebermos os oitos sinais. Por fim, meditamos na clara-luz de êxtase e vacuidade com orgulho divino de sermos o Corpo-Verdade Heruka. Concluímos as três fusões como antes e, depois, finalizamos a sessão. Precisamos repetir essa meditação muitas vezes para controlar as gotas e estabilizar o grande êxtase.

COMO MEDITAR NA ETAPA DO VAJRA DE VÁRIAS QUALIDADES SEM SEMENTE

Para esta meditação, visualizamos o vajra unidentado – agora, do tamanho de uma ervilha – no interior da extremidade superior do canal central, no ponto entre as sobrancelhas. No entanto, não visualizamos a letra-semente HUM no centro do vajra, motivo pelo qual esta etapa é denominada "sem semente".

Nossa mente, juntamente com a gota indestrutível no coração, sobe pelo canal central até a nossa coroa e, então, dirige-se para baixo, em direção ao ponto entre as sobrancelhas, onde alcança o centro do vajra. A parte branca da gota transforma-se em um assento de lua e, sobre esse assento de lua, a parte vermelha da gota transforma-se em um assento de sol. Sobre o assento de sol, visualizamos Buda Akshobya no aspecto de uma minúscula gota azul, do tamanho de uma semente de mostarda. Diante dela, visualizamos Buda Vairochana na forma de uma minúscula gota branca; à esquerda, visualizamos Buda Amoghasiddhi, na forma de uma gota verde; atrás, visualizamos Buda Amitabha, na forma de uma gota vermelha; e à direita, visualizamos Buda Ratnasambhava, na forma de uma gota amarela. Imaginamos então que a nossa mente se dissolve por inteiro nesse conjunto de cinco gotas – o conjunto, como um todo, é do tamanho de uma semente de ervilha – e mantemos isso sem distrações.

Quando estivermos próximos de concluir a meditação, imaginamos que o vajra se dissolve na lua, e a lua se dissolve no sol. O sol se dissolve na gota branca; que se dissolve na gota verde; que se dissolve na gota vermelha; que se dissolve na gota amarela; e essa gota amarela, por sua vez, se dissolve na gota azul, que está no centro – a natureza de Akshobya-Heruka. Irradiando luzes-sabedoria de cinco cores para abençoar nossas gotas, a gota azul sobe vagarosamente pelo nosso canal central até o centro exato da nossa roda-canal da coroa. Mantemos a gota ali e meditamos estritamente focados por algum tempo. Isso faz com que a bodhichitta em nossa coroa aumente. Após algum tempo, a gota desce vagarosamente para o centro exato da nossa roda-canal da garganta, e mantemos a gota ali por algum tempo. Ela então desce para o centro exato da nossa roda-canal do coração, onde meditamos nela até percebermos os oito sinais. Por fim, concluímos as três fusões como antes e finalizamos a sessão. Precisamos repetir essa meditação até obtermos a habilidade de controlar as gotas e de estabilizar o grande êxtase.

O minúsculo vajra, com o minúsculo HUM dentro, é o principal objeto de meditação dessa etapa. Se meditarmos nesse minúsculo vajra nos lugares de nossas faculdades sensoriais, poderemos alcançar diversos tipos de clarividência superior. Essa é a razão pela qual essa etapa é denominada "o vajra de várias qualidades".

Como praticamos meditação para obter vários tipos de clarividência superior? Nossa faculdade sensorial da visão, por exemplo, é a potencialidade localizada em nosso órgão da visão e que é a condição dominante de nossa percepção visual. Em nossa faculdade sensorial da visão, visualizamos o vajra unidentado, do tamanho de um grão de cevada – esse vajra unidentado é a mente de grande êxtase de Heruka. No centro, dentro do vajra, visualizamos uma minúscula letra HUM, que é Heruka ele próprio. Contemplamos isso muitas e muitas vezes, até percebermos todo esse conjunto claramente. Então, mantemos fortemente esse conjunto e meditamos estritamente focados nele pelo maior tempo possível. Em cada sessão, repetimos a contemplação e meditação, e, ao final de cada sessão, enquanto reconhecemos que o vajra é a mente de grande êxtase de Heruka e que a letra HUM é Heruka ele próprio, imaginamos que tanto o vajra quanto o HUM convertem-se em luz e dissolvem-se em nossa faculdade sensorial da visão. Devido a isso, nossa faculdade sensorial da visão é purificada e torna-se totalmente pura, livre de aparência comum. Meditamos nessa crença por um breve período.

Desse modo, por recebermos continuamente as bênçãos de Heruka e pelo poder dessa meditação, alcançaremos a clarividência visual superior que pode ver diretamente a Deidade iluminada Heruka, sua Terra Pura de Keajra, seus séquitos de Heróis e Dakinis e demais seres sagrados, a assembleia de Gurus, Deidades, Budas e Bodhisattvas. Assim como Je Phabongkhapa, obteremos essa realização por praticarmos sinceramente com forte fé. Se aplicarmos essa meditação às nossas demais faculdades sensoriais (por exemplo, à faculdade sensorial da audição), alcançaremos muitos tipos diferentes de clarividência superior.

COMO MEDITAR NA ETAPA DE PREENCHER COM JOIAS

Neste contexto, o termo "joias" refere-se às quatro alegrias, que são as verdadeiras joias interiores que-satisfazem-os-desejos. Visto que a função desta terceira etapa é preencher nosso corpo com a experiência das quatro alegrias, ela é denominada "preencher com joias". Fazemos essa prática na dependência dos quatro mudras: o mudra-compromisso, o mudra-ação, o mudra-fenômeno e o Mahamudra. Je Tsongkhapa disse que a prática do *primeiro mudra* é a prática preliminar; o *segundo mudra* é a prática propriamente dita; o *terceiro mudra* é a prática subsequente; e o *quarto mudra* é o resultado.

O primeiro mudra – o mudra-compromisso – é a consorte visualizada, ou mudra-sabedoria. Durante a *iniciação mudra-sabedoria*, o Guia Espiritual Vajrayana dá-nos uma consorte que é uma emanação de Vajravarahi, e dá-nos também o compromisso de realizar grande êxtase na dependência desse mudra-sabedoria. Por essa razão, a consorte visualizada é conhecida como "o mudra-compromisso".

Confiar em um mudra-sabedoria é uma preliminar para confiar em um mudra-ação. Se nossa meditação em confiar em um mudra-sabedoria fizer com que os nossos ventos interiores reúnam-se e dissolvam-se no canal central, fazendo assim com que experienciemos grande êxtase, este será um sinal correto de que podemos, então, ter a convicção de confiar em um mudra-ação. Um mudra-ação é uma consorte real, propriamente dita, que recebeu a iniciação de nossa Deidade pessoal, que está mantendo os compromissos tântricos e que tem perfeito conhecimento das instruções.

Se, quando tivermos concluído o afrouxamento dos nós do canal central em nosso coração pelo poder de confiar em um mudra-ação, meditarmos subsequentemente no fogo interior, iremos gerar um poderoso grande êxtase espontâneo. A razão pela qual o fenômeno da meditação do fogo interior é denominado "mudra-fenômeno" é porque, para nós, ele executa a função semelhante à da consorte. A realização da união de grande êxtase e vacuidade é denominada "Mahamudra", ou "grande selo", que significa "grande verdade indestrutível". Quando nossa mente residente-contínua se transforma no grande êxtase espontâneo que realiza a vacuidade por meio de uma imagem genérica, ela é denominada "clara-luz-exemplo última". O termo "última" revela que é uma clara-luz plenamente qualificada, e "exemplo" significa que podemos utilizar essa realização como um exemplo para compreender como podemos realizar a clara-luz-significativa propriamente dita – a união de grande êxtase e vacuidade. Por meditarmos continuamente na clara-luz-exemplo última, ela irá se transformar na clara-luz-significativa. A clara-luz-exemplo última é, portanto, um exemplo que ilustra seu significado – a saber, a clara-luz-significativa. A clara-luz-significativa é uma mente residente-contínua que é da natureza de grande êxtase espontâneo que realiza a vacuidade diretamente.

Como preliminar à prática da etapa de preencher com joias, devemos enfatizar a oferenda secreta a nós próprios gerados como Heruka e a prática de confiar no mudra-sabedoria, como explicado na seção sobre receber a iniciação mudra-sabedoria. Quando tivermos a habilidade de controlar nossas gotas e uma profunda experiência dos ventos interiores dissolvendo-se em nosso canal central, poderemos então fazer a prática de confiar em um mudra-ação.

Há duas maneiras de fazer essa prática. A primeira é meditar na vacuidade do nosso *self* e da nossa consorte e, então, a partir do estado de vacuidade, gerarmos a nós próprios como Heruka e gerarmos nossa consorte como Vajravarahi, livres de aparências e concepções comuns. Com forte orgulho divino de sermos, nós próprios, Heruka, e de nossa consorte ser Vajravarahi, entramos em união sexual e geramos gradualmente as quatro alegrias. Por fim, meditamos estritamente focados, pelo maior tempo possível, em grande êxtase espontâneo inseparável da vacuidade.

Para praticar a segunda maneira, simplesmente acreditamos – com forte orgulho divino de sermos, nós próprios, Heruka, e livres de aparências e concepções comuns – que nossa consorte é uma manifestação de Vajravarahi; entramos então em relação sexual, geramos as quatro alegrias e, por fim, meditamos na união de grande êxtase espontâneo e vacuidade.

COMO MEDITAR NA ETAPA DE *DZÖLADHARA*

A palavra sânscrita "*dzöladhara*" significa "manter o ardor". "*Dzöla*" significa "arder, incendiar", e "*dhara*" significa "manter". Essa meditação nas etapas de *dzöladhara* é assim denominada porque ela mantém seu objeto – o arder do fogo interior, ou tummo – de modo estritamente focado. Por meio dessa meditação, os praticantes aperfeiçoam sua realização de grande êxtase espontâneo obtida na terceira etapa, até que sua mente residente-contínua se torne a mente de grande êxtase espontâneo que realiza a vacuidade. Inicialmente, essa realização é a clara-luz-exemplo última, e, gradualmente, ela se transforma na clara-luz-significativa. Alguns textos dizem "*dzalendhara*" em vez de "dzöladhara", mas o significado é o mesmo.

A prática propriamente dita da etapa de dzöladhara tem oito partes:

1. Visualizar o canal central;
2. Visualizar as letras;
3. Acender o fogo interior;
4. Fazer o fogo arder;
5. Provocar o gotejamento da bodhichitta;
6. Provocar o arder especial do fogo;
7. Provocar o gotejamento especial da bodhichitta;
8. Meditar na união de êxtase espontâneo e vacuidade.

VISUALIZAR O CANAL CENTRAL

Visualizamos o canal central como explicado anteriormente, nas páginas 122–123.

VISUALIZAR AS LETRAS

Exatamente no centro da nossa roda-canal do lugar secreto, localizada quatro dedos abaixo do umbigo, visualizamos uma minúscula fonte-fenômenos. Sobre uma almofada de sol, dentro da fonte-fenômenos, nossa mente-raiz (que é inseparável da mente de Guru Heruka) aparece no aspecto de um conjunto de cinco gotas, do tamanho de uma ervilha. Diante da gota central está uma gota branca, que é da natureza de Buda Vairochana; à esquerda, está uma gota verde, que é da natureza de Buda Amoghasiddhi; atrás, está uma gota vermelha, que é da natureza de Buda Amitabha; à direita, está uma gota amarela, que é da natureza de Buda Ratnasambhava; e no centro, está uma gota azul, que é da natureza de Buda Akshobya.

Dentro da gota central azul, visualizamos nosso fogo interior na forma de uma letra AH-curta, vermelha e extremamente diminuta. Exatamente no centro da nossa roda-canal da coroa, visualizamos uma letra HAM branca de cabeça para baixo, da natureza de nossa bodhichitta branca. Exatamente no centro da nossa roda-canal do coração, visualizamos uma letra HUM de cabeça para baixo, branca e com um sombreado vermelho, da natureza de nossa gota branca

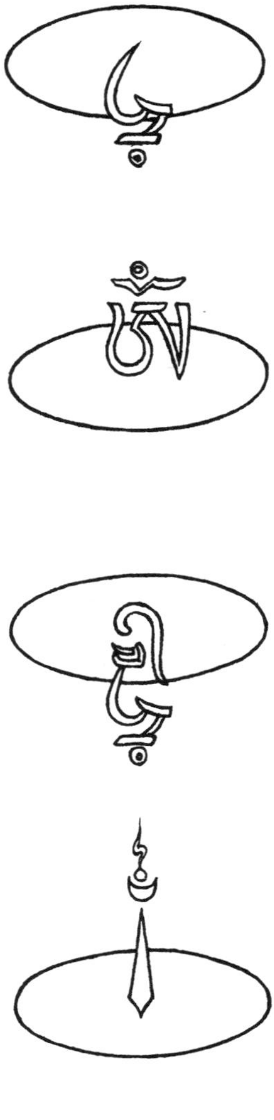

HAM, OM, HUM, AH-curto

e vermelha indestrutível. Contemplamos brevemente a letra HAM em nossa coroa, a letra HUM em nosso coração e a letra AH-curta em nosso lugar secreto e, então, meditamos na letra AH-curta.

ACENDER O FOGO INTERIOR, FAZENDO O FOGO ARDER E ASSIM POR DIANTE, ATÉ A MEDITAÇÃO NA UNIÃO DE ÊXTASE ESPONTÂNEO E VACUIDADE

Quando um homem e uma mulher têm uma relação sexual comum, a extremidade do pênis do homem toca a extremidade da vagina da mulher e, devido a isso, eles penetram o canal central um do outro; como resultado, o vento descendente de esvaziamento, localizado no lugar secreto deles, movimenta-se para cima, subindo. Isso faz com que o fogo interior, localizado no umbigo deles, inflame, e as gotas brancas ou vermelhas derretam e fluam por seus canais, mas não pelo canal central. Por causa disso, eles experienciam êxtase contaminado por um breve período. Quando praticantes qualificados da terceira etapa – a etapa de preencher com joias – confiam em um mudra-ação, sua atividade é, em geral, semelhante à de uma relação sexual comum, mas seu calor interior arde no canal central em vez de arder nos canais laterais e, por essa razão, as gotas se dissolvem e fluem dentro do canal central, em vez de serem rapidamente expelidas. Como resultado, esses praticantes experienciam grande êxtase espontâneo puro, por um longo período. Aqui, na quarta etapa do estágio de conclusão – dzöladhara – os praticantes geram e aumentam sua experiência de grande êxtase espontâneo por meio de meditarem no tummo. Nessa etapa, é através da meditação na respiração-vaso no lugar secreto que fazemos com que o fogo tummo acenda e inflame.

Praticamos a meditação na respiração-vaso como segue. Inalamos gentilmente por ambas as narinas e imaginamos que reunimos todos os ventos localizados na parte superior de nosso corpo, fazendo-os descer até ficarem logo acima das cinco gotas, dentro do canal central no lugar secreto. Contraímos, então, leve e gentilmente, as duas portas inferiores (o ânus e o órgão sexual) e reunimos todos os ventos da parte inferior do nosso corpo, fazendo-os subir até ficarem logo abaixo das cinco gotas. Nossa mente, dentro das cinco gotas, está agora cercada, ou envolta, pelos ventos superiores e inferiores, do mesmo modo que um objeto precioso encontra-se dentro de uma caixa de amuletos. Interrompemos então nossa respiração e, enquanto mantemos os ventos superiores e inferiores no lugar secreto, concentramo-nos estritamente focados na letra AH-curta dentro da gota central azul. Uma parte de nossa mente pensa que a letra AH-curta está prestes a inflamar. Isso é denominado "acender o fogo interior". Pouco antes de começarmos a sentir desconforto, exalamos muito gentilmente por ambas as narinas, mas com a nossa mente ainda permanecendo na letra AH-curta.

Repetimos então a respiração-vaso e, concentrando-nos na letra AH-curta, pensamos que uma chama intensamente quente e delgada, semelhante a uma agulha, inflama-se a partir dessa letra. Isso é denominado "fazer o fogo arder". Isso, por sua vez, faz com que a letra HUM, que se encontra de cabeça para baixo em nosso coração, derreta e goteje no fogo. Isso é denominado "gotejamento da bodhichitta". O fogo então arde mais intensamente e se torna ainda mais quente, como quando óleo é derramado sobre o fogo. Isso é denominado "arder especial do fogo". O calor aumenta, provocando o derretimento da letra HAM, que está de cabeça para baixo em nossa coroa, fazendo com que, do derretimento dessa letra, a bodhichitta branca goteje pelo nosso canal central. Isso é denominado "gotejamento especial da bodhichitta".

À medida que a bodhichitta branca derrete e goteja vagarosamente, experienciamos grande êxtase espontâneo. Quando a bodhichitta, por fim, goteja sobre o fogo tummo em nosso lugar secreto, o fogo se atenua levemente por um breve instante, mas nossa experiência do grande êxtase espontâneo torna-se ainda mais intensa. O fogo, então, inflama-se com mais intensidade, assim como acontece quando manteiga derretida goteja sobre o fogo. Como resultado, o fogo tummo arde no lugar secreto, fundindo-se com os raios de luz das cinco gotas – as Cinco Famílias Búdicas – e passa por todos os canais do nosso corpo. Ele consome todas as gotas impuras e reúne todas as gotas puras na bodhichitta, em nossa coroa. De nossa coroa, a bodhichitta goteja continuamente pelo canal central, e experienciamos grande êxtase espontâneo por um longo tempo. Meditamos nesse êxtase e vacuidade inseparáveis. Essa é a oitava parte: "meditar na união de êxtase espontâneo e vacuidade".

COMO MEDITAR NA ETAPA DA INCONCEPTIBILIDADE

Na etapa de *dzöladhara*, obtemos a clara-luz total e plenamente qualificada, a clara-luz-exemplo última, que é da natureza de grande êxtase que realiza a vacuidade. Quando saímos desse equilíbrio meditativo, alcançamos o corpo-ilusório, que é o verdadeiro corpo-divino. Esse corpo não é criado por imaginação, mas é um corpo verdadeiro. Sua causa substancial é o vento indestrutível, que é a montaria da mente da clara-luz-exemplo última. Seu aspecto é o de um Heruka branco com consorte, juntamente com o mandala inteiro. O corpo-ilusório que o praticante obtém nessa etapa é o corpo-ilusório *impuro*, já que o praticante ainda não abandonou as delusões – ele (ou ela) ainda não é um ser superior, e a sua mente de clara-luz de êxtase ainda não realizou a vacuidade diretamente.

Para realizar a vacuidade diretamente com a mente muito sutil de grande êxtase espontâneo, o praticante progride para as meditações da quinta etapa – inconceptibilidade. Aqui, "inconceptibilidade" refere-se às aquisições que não podem ser experienciadas por aqueles que não são seres superiores. Exemplos de inconceptibilidade são: a clara-luz-significativa, a união da clara-luz-significativa com o corpo-ilusório do caminho, e a união do Corpo-Forma com o Corpo-Verdade de um Buda. A primeira (a clara-luz-significativa) é a união de grande êxtase e vacuidade. A segunda (a união da clara-luz-significativa com o corpo-ilusório do caminho) é a união-que-precisa-aprender. E a terceira (a união do Corpo-Forma com o Corpo-Verdade de um Buda) é a União-do-Não-Mais-Aprender. Por praticarem as meditações da quinta etapa, os praticantes obtêm estes três tipos de união.

A prática propriamente dita tem duas partes:

1. Confiar em uma consorte;
2. Empenhar-se nas duas concentrações.

CONFIAR EM UMA CONSORTE

Há três maneiras de confiar em uma consorte. A primeira é confiar em um mudra-ação através de praticar prazeres e desfrutes com elaborações, assim como a maneira do Rei Indrabodhi de confiar em uma consorte. A segunda maneira é confiar em um mudra-ação através de praticar prazeres e desfrutes sem elaborações, assim como a maneira de Ghantapa de confiar em uma consorte. A terceira maneira é confiar apenas no mudra-sabedoria, assim como a maneira de Gyalwa Ensapa de confiar em uma consorte. Por qualquer uma dessas três práticas, os praticantes da quinta etapa realizam, primeiro, a união de grande êxtase e vacuidade; depois, a união-que-precisa-aprender; e, por fim, a União-do-Não-Mais-Aprender – a iluminação.

Em alguns textos, como foi mencionado anteriormente, está dito que, para obtermos a clara-luz-exemplo última, nós finalmente necessitaremos confiar em um mudra-ação ou aguardar até a nossa morte. Isso é em geral. Em particular, praticantes como Gyalwa Ensapa e muitos de seus discípulos alcançaram a clara-luz-exemplo última e a clara-luz-significativa e tornaram-se Budas por meio de obterem a União-do-Não-Mais-Aprender através do poder das bênçãos das instruções da Linhagem Oral Ganden, sem precisarem confiar em um mudra-ação.

EMPENHAR-SE NAS DUAS CONCENTRAÇÕES

Na primeira delas, concentramo-nos, em primeiro lugar, em dissolver todos os mundos e, depois, todos os seus habitantes na clara-luz da vacuidade; e então, meditamos na união da clara-luz de êxtase e vacuidade. Na segunda delas, concentramo-nos em dissolver todos os mundos e seus habitantes simultaneamente na clara-luz da vacuidade e, então, meditamos na união da clara-luz de êxtase e vacuidade.

Por empenhar-se em uma dessas concentrações, o praticante da quinta etapa obtém a clara-luz-significativa. Quando o praticante sai da clara-luz-significativa, ele (ou ela) alcança o corpo-ilusório *puro* (o corpo-vajra) e empenha-se nas práticas da aquisição subsequente. Na sessão seguinte, quando a clara-luz-significativa se manifestar através da prática de uma das duas concentrações, o praticante alcança a *união da clara-luz-significativa com o corpo--ilusório puro* (a união-que-precisa-aprender) e medita na clara--luz-significativa pelo tempo que desejar. Por meditar continuamente na clara-luz-significativa, tanto durante o sono quanto no estado da vigília, essa clara-luz-significativa torna-se, por fim, o antídoto direto às aparências duais muito sutis (percepções muito sutis de aparência e vacuidade como sendo diferentes). Ela é então denominada "a concentração semelhante-a-um-vajra do Caminho da Meditação", que é o último momento da mente de um ser senciente. No momento seguinte, o praticante torna-se um Buda, por meio de alcançar a União-do-Não-Mais-Aprender.

Dedicatória

Pelas virtudes que acumulei ao preparar este livro,
Que haja paz no mundo,
Que cada ser vivo desfrute de uma vida significativa,
E que o sagrado Dharma de Buda floresça para sempre.

Apêndice I
Orientações para a Prática dos Quatro Grandes Guias Preliminares ao Mahamudra

O Propósito destas Orientações

Como foi mencionado na Parte Um, a prática do Mahamudra é como um carro com suas quatro rodas. Na dependência dessa prática, podemos viajar ao solo da felicidade última, o estado de iluminação, fácil e rapidamente. As quatro preliminares são como as rodas do carro. Se faltar qualquer uma das rodas, o carro não será capaz de funcionar. Do mesmo modo, se faltar qualquer um dos quatro grandes guias preliminares, não seremos capazes de viajar ao solo de Buda por meio da prática do Mahamudra.

Portanto, se realmente temos o desejo de alcançar a libertação permanente de todos os sofrimentos desta vida e das nossas incontáveis vidas futuras, e de experienciar o êxtase último e supremo da iluminação na dependência da prática do Mahamudra, é muito importante que coloquemos grande esforço na prática dos quatro grandes guias preliminares. Para tornar essa prática eficiente, preparei estas instruções. Por favor, pratique estas instruções sinceramente, sem distrações; com distrações, não conseguimos realizar nada.

Geshe Kelsang Gyatso
4 de junho de 2015
Dia em que Buda Girou a Roda do Dharma

Orientações para a Prática dos Quatro Grandes Guias Preliminares ao Mahamudra

Os quatro grandes guias preliminares são:

1. O grande guia preliminar, treinar em buscar refúgio sinceramente, a porta de ingresso ao Budismo; e treinar a mente compassiva da bodhichitta, a porta de ingresso ao Mahayana, o principal caminho para o estado de iluminação;
2. O grande guia preliminar, treinar a prática de purificação, a porta de ingresso para purificar ações não virtuosas e obstruções;
3. O grande guia preliminar, treinar a prática da oferenda de mandala, a porta de ingresso para acumular a coleção de mérito e alcançar uma Terra Pura iluminada;
4. O grande guia preliminar, treinar Guru-Ioga, a porta de ingresso para receber bênçãos.

Estes quatro grandes guias preliminares são as práticas preliminares especiais do Mahamudra, e são métodos muito poderosos para cumprir nosso objetivo.

Como foi mencionado na Parte Um: concluir os quatro grandes guias preliminares significa, de modo geral, que, na prática de refúgio, acumulamos cem mil preces de refúgio; na prática da meditação e recitação de Vajrasattva, acumulamos cem mil mantras de Vajrasattva; na prática de fazer oferendas de mandala, acumulamos cem mil oferendas de mandala; e na prática de Guru-Ioga, acumulamos cem mil preces de pedidos *Migtsema*.

COMO PRATICAR O GRANDE GUIA PRELIMINAR DE TREINAR EM BUSCAR REFÚGIO SINCERAMENTE

Nesta prática, precisamos desenvolver e manter um forte medo de tomar renascimento no samsara, e desenvolver e manter profunda fé em Buda, Dharma e Sangha – como foi explicado na Parte Um. Mantendo essas duas causas de refúgio, empenhamo-nos então na prática de refúgio, seguindo a sadhana *As Centenas de Deidades da Terra Alegre de Acordo com o Tantra Ioga Supremo*.

Neste grande guia preliminar, precisamos acumular cem mil preces de refúgio. Devemos fazer isso em associação com a sadhana mencionada acima. Começamos com a *Visualização* dos objetos de refúgio e *Tomar os votos de refúgio mahayana*. Então, coletamos – ou seja, contamos – preces breves de refúgio, recitando-as mentalmente do fundo do nosso coração, ao mesmo tempo que nos concentramos no seu significado. Essa prece breve de refúgio foi escrita por Atisha. Traduzida para o inglês, e do inglês para o português, essa prece é:

> Eu e todos os seres sencientes, até alcançarmos a iluminação,
> Nos refugiamos em Buda, Dharma e Sangha.

O significado dessa prece é o seguinte. A palavra "*eu*" nos faz recordar da nossa renúncia, que deseja que nos libertemos permanentemente do sofrimento; e "*todos os seres vivos*" nos faz lembrar da nossa compaixão, que deseja libertar permanentemente todos os seres vivos do sofrimento. Ao recitar "*até alcançarmos a iluminação, nos refugiamos em Buda, Dharma e Sangha*", estamos tomando a determinação e fazendo a promessa de sinceramente buscar refúgio em Buda, Dharma e Sangha durante toda esta vida e vida após vida, até alcançarmos a iluminação. Essa promessa, que é o voto de refúgio mahayana, motivada por nossa renúncia e compaixão, impede-nos de tomar renascimento inferior como um animal, fantasma faminto ou ser-do-inferno. Essa promessa faz também com que obtenhamos um precioso renascimento humano, que nos dá a oportunidade de praticar o puro Budadharma do Tantra Ioga Supremo vida após vida, até alcançarmos a iluminação. Não há nada mais significativo do que isso.

Após termos coletado preces breves de refúgio, concluímos as práticas restantes de *As Centenas de Deidades da Terra Alegre de Acordo com o Tantra Ioga Supremo*, desde *Tomar o voto bodhisattva de acordo com o Tantra Ioga Supremo* até o fim da *Dedicatória* final.

Como foi mencionado na Parte Dois, muitas pessoas têm dificuldade em se concentrar no significado das preces quando têm de recitá-las em voz alta, pois o som interfere com sua concentração. Por essa razão, precisamos nos familiarizar com a recitação mental de preces – preces que vêm do nosso coração, sem sons, o que significa que precisamos memorizar nossas preces diárias.

COMO PRATICAR O GRANDE GUIA PRELIMINAR DE TREINAR A PRÁTICA DE PURIFICAÇÃO

Como resultado das ações não virtuosas de terem rejeitado, em vidas anteriores, o valor de Buda, do Dharma e da Sangha, os animais não têm oportunidade de ouvir ou de praticar o Dharma.

Embora nós, seres humanos, tenhamos tal oportunidade, a grande maioria não tem interesse algum pelo Dharma. E, aqueles que têm realmente algum interesse sentem, quando ouvem o Dharma, dificuldade para acreditar no que o Dharma diz; quando contemplam, não desenvolvem alegria; e, quando meditam, não desenvolvem realização alguma. Por experienciarem muitos obstáculos externos e internos, tornam-se incapazes ou inábeis para praticar o Dharma puramente. Tudo isso também é o resultado das ações não virtuosas de terem rejeitado, em vidas passadas, o valor de Buda, do Dharma e da Sangha.

Devemos compreender que é somente devido ao amadurecimento dos potenciais de ações não virtuosas, ou carma, que experienciamos diversos tipos de sofrimento e problemas. Especificamente falando, ações não virtuosas ou ações inapropriadas são os principais obstáculos para alcançarmos realizações de Dharma, a verdadeira proteção contra o sofrimento, e são as causas principais de todos os nossos sofrimentos nesta vida e nas incontáveis vidas futuras. Por compreender e contemplar isso, desenvolvemos então um forte arrependimento por termos acumulado diversos tipos de ações não virtuosas em nossas incontáveis vidas passadas, e tomamos a forte determinação de purificar, agora, todas essas ações não virtuosas. Meditamos nessa determinação por um breve período e, depois, devemos colocar nossa determinação em prática.

Então, pensamos: Buda ensinou muitos métodos diferentes para purificar ações não virtuosas, quedas morais e compromissos quebrados, mas o método supremo é a prática da meditação e recitação de Vajrasattva. Essa prática é um método científico para purificar nossa mente e transformá-la – de uma mente impura em uma mente pura – usando tecnologia tântrica.

Todos os Budas aparecem, especificamente, na forma de Vajrasattva para purificar a mente de todos os seres vivos. Por essa razão, a prática da meditação e recitação de Vajrasattva é superior às demais práticas de purificação. Contemplando desse modo, desenvolvemos e mantemos profunda fé e convicção nessa prática.

COMO PRATICAR A MEDITAÇÃO E RECITAÇÃO DE VAJRASATTVA

Como o grande guia preliminar ao Mahamudra, devemos seguir a sadhana *As Centenas de Deidades da Terra Alegre de Acordo com o Tantra Ioga Supremo*. Damos início à sadhana, desde *Visualização* dos objetos de refúgio até *Purificação*, o terceiro dos sete membros. Neste ponto, fazemos a prática da sadhana breve de Vajrasattva, como segue.

A SADHANA BREVE DE VAJRASATTVA

Visualização

Sobre uma almofada de lua, no centro de um lótus de oito pétalas em minha coroa, senta-se Guru Vajrasattva com sua consorte. Ele é inseparavelmente uno com todos os Budas das dez direções. Vajrasattva tem um corpo branco de luz e fita-me com olhos de compaixão.

Meditamos brevemente nessa visualização.

Pedido

Ó Guru Vajrasattva, não tenho outro refúgio além de ti. Por favor, purifica permanentemente minhas não virtudes, quedas morais e aparências e concepções comuns. (3x)

Enquanto nos concentramos no significado desse pedido, recitamos mentalmente, do fundo do nosso coração, o seguinte mantra de Vajrasattva, e coletamos recitações desse mantra:

OM VAJRASATTVA SARWA SIDDHI HUM

Por ser solicitado desse modo, Vajrasattva Pai e Mãe convertem-se em luz branca, entram pela minha coroa e dissolvem-se na escuridão interior de minhas não-virtudes, quedas morais e aparências e concepções comuns, no meu coração. Minhas não-virtudes, quedas morais e aparências e concepções comuns são purificadas permanentemente.

Meditamos nessa crença por um breve período.

Depois, concluímos as práticas restantes da sadhana As Centenas de Deidades da Terra Alegre de Acordo com o Tantra Ioga Supremo, *desde* Regozijo *até o fim da* Dedicatória *final.*

COMO PRATICAR O GRANDE GUIA PRELIMINAR DE TREINAR A PRÁTICA DA OFERENDA DE MANDALA

Praticamos como segue. Por contemplar que todos os fenômenos que normalmente vemos ou percebemos não existem (como explicado na Parte Um), devemos deixar de perceber completamente todos os fenômenos que normalmente vemos ou percebemos, pois isso é aparência comum. Pelo poder de nossa crença correta, transformamos o universo inteiro na Terra Pura de Buda, e oferecemos esse universo completamente puro – a Terra Pura de Buda – a Guru Sumati Buda Heruka, que está rodeado por todos os Budas das dez direções.

Neste grande guia preliminar, coletamos cem mil oferendas de mandala. Fazemos isso em associação com a sadhana *As Centenas de Deidades da Terra Alegre de Acordo com o Tantra Ioga Supremo*. Damos início à sadhana, desde *Visualização* dos objetos de refúgio até *Oferecer o mandala*. Então, neste ponto, devemos coletar oferendas de mandala com a prece da oferenda breve de mandala, recitando-a mentalmente do fundo do nosso coração, ao mesmo tempo que nos concentramos no seu significado. A prece da oferenda breve de mandala é:

Eu ofereço a ti, Guru Sumati Buda Heruka, que estás rodeado
por todos os Budas das dez direções,
Uma centena de milhões de quatro continentes, o universo
inteiro
Transformado na Terra Pura de Buda pelo poder de minha
crença correta;
Que eu alcance rapidamente a iluminação, de modo que
eu beneficie facilmente todos os seres vivos.

IDAM GURU RATNA MANDALAKAM NIRYATAYAMI

Após coletarmos oferendas de mandala, concluímos o restante da sadhana, desde *Recitar a prece de pedidos* Migtsema *de acordo com o Tantra Ioga Supremo* até o fim da *Dedicatória* final.

COMO PRATICAR O GRANDE GUIA PRELIMINAR DE TREINAR A PRÁTICA DE GURU-IOGA

Nesta prática, coletamos cem mil preces de pedidos *Migtsema* de acordo com o Tantra Ioga Supremo. Fazemos isso em associação com a sadhana *As Centenas de Deidades da Terra Alegre de Acordo com o Tantra Ioga Supremo*. Damos início à sadhana, desde *Visualização* dos objetos de refúgio até *Recitar a prece de pedidos* Migtsema *de acordo com o Tantra Ioga Supremo*. Então, neste ponto, coletamos recitações da prece de pedidos *Migtsema*, recitando-a mentalmente do fundo do nosso coração, ao mesmo tempo que nos concentramos no seu significado. A prece de pedidos *Migtsema* de acordo com o Tantra Ioga Supremo é:

Ó Guru Sumati Buda Heruka, síntese de todas as três
linhagens numa única,
Peço a ti, por favor, elimina todos os meus obstáculos
externos e internos,
Amadurece meu continuum mental, liberta-me da aparência
dual,
E abençoa-me para que eu facilmente beneficie todos os
seres vivos.

Podemos alcançar, através da prática desta prece de pedidos, nossos quatro objetivos. Com o primeiro verso, estamos convidando o ser iluminado Guru Sumati Buda Heruka, que é inseparavelmente uno com nosso Guru-raiz, Je Tsongkhapa, Buda Shakyamuni e Heruka, e pedimos a ele para abençoar nosso corpo, fala e mente. Com o segundo verso, pedimos a Guru Sumati Buda Heruka que pacifique ou elimine nossos obstáculos externos (que são causados por condições externas) e nossos obstáculos internos (que são as nossas delusões). Com o terceiro verso, pedimos a Guru Sumati Buda Heruka que amadureça nossa natureza búdica – ou semente búdica – e nos liberte da aparência dual. E, com o quarto verso, pedimos a ele que nos conceda a habilidade para, facilmente, beneficiarmos todos os seres vivos. Podemos realizar esses quatro objetivos por meio de receber as poderosas bênçãos de Guru Sumati Buda Heruka através de nossos sinceros pedidos a ele.

Após coletarmos a prece de pedidos *Migtsema*, concluímos as práticas restantes de *As Centenas de Deidades da Terra Alegre de Acordo com o Tantra Ioga Supremo*, desde *Pedidos ao Senhor de Todas as Linhagens* até o fim da *Dedicatória* final.

Praticar a prece de pedidos *Migtsema* tem a mesma função de nos empenharmos na prática inteira de *As Centenas de Deidades da Terra Alegre de Acordo com o Tantra Ioga Supremo*. Ela é a instrução da linhagem oral que vem da *Escritura Emanação Ganden* e é uma prece muito abençoada. Devemos manter essa prece em nosso coração como nossa prática diária.

Se fizermos mais do que uma sessão diária quando praticamos qualquer um destes quatro grandes guias preliminares, a maneira de praticar nas demais sessões deverá ser igual à da primeira sessão.

Apêndice II
Prece Libertadora

LOUVOR A BUDA SHAKYAMUNI

Ó Abençoado, Shakyamuni Buda,
Precioso tesouro de compaixão,
Concessor de suprema paz interior,

Tu, que amas todos os seres sem exceção,
És a fonte de bondade e felicidade,
E nos guias ao caminho libertador.

Teu corpo é uma joia-que-satisfaz-os-desejos,
Tua fala é um néctar purificador e supremo
E tua mente, refúgio para todos os seres vivos.

Com as mãos postas, me volto para ti,
Amigo supremo e imutável,
E peço do fundo do meu coração:

Por favor, concede-me a luz de tua sabedoria
Para dissipar a escuridão da minha mente
E curar o meu continuum mental.

Por favor, me nutre com tua bondade,
Para que eu possa, por minha vez, nutrir todos os seres
Com um incessante banquete de deleite.

Por meio de tua compassiva intenção,
De tuas bênçãos e feitos virtuosos
E por meu forte desejo de confiar em ti,

Que todo o sofrimento rapidamente cesse,
Que toda a felicidade e alegria aconteçam
E que o sagrado Dharma floresça para sempre.

A **Prece Libertadora** *foi escrita por Venerável Geshe Kelsang Gyatso Rinpoche e é recitada no início de ensinamentos, meditações e preces nos Centros Budistas Kadampas em todo o mundo.*

Apêndice III
Caminho Rápido ao Grande Êxtase

A SADHANA EXTENSA DE AUTOGERAÇÃO
DE VAJRAYOGINI

por
Je Phabongkhapa

Introdução

As instruções sobre a prática do Tantra Ioga Supremo da Venerável Vajrayogini foram ensinadas por Buda Vajradhara nos capítulos 47º e 48º do *Tantra-Raiz Condensado de Heruka*. Essa linhagem específica de instruções, a linhagem Narokhacho, foi transmitida diretamente de Vajrayogini para Naropa, e deste para os professores dos dias atuais, através de uma linhagem ininterrupta de praticantes realizados.

Após Buda Vajradhara ter ensinado a prática, ele deixou os mandalas de Heruka e Vajrayogini intactos em 24 lugares auspiciosos neste mundo. Assim, mesmo nos dias de hoje, existem incontáveis manifestações de Vajrayogini neste mundo, que, por meio de abençoar o continuum mental dos praticantes sinceros, auxiliam-nos a obterem realizações.

Em muitos aspectos, a prática de Vajrayogini é perfeitamente adequada aos dias atuais. Confiando sinceramente nessa prática, com um bom coração e uma mente de fé, é definitivamente possível conquistar a plena iluminação; mas, para alcançar tais resultados, precisamos praticar regularmente a sadhana extensa.

Esta sadhana em particular, *Caminho Rápido ao Grande Êxtase*, foi escrita pelo grande lama Phabongkha Rinpoche. Comparada com outras sadhanas, ela não é muito longa; porém, contém todas as práticas essenciais do Mantra Secreto. Para praticar a sadhana com êxito, precisamos primeiro receber a iniciação de Vajrayogini e, depois, estudar instruções autênticas sobre a prática, como as que podem ser encontradas no comentário *Novo*

Guia à Terra Dakini. Esta sadhana é adequada tanto para nossa prática diária regular como para retiros, e podemos praticá-la sozinhos ou em grupo.

Geshe Kelsang Gyatso
1985

Caminho Rápido ao Grande Êxtase

O IOGA DAS INCOMENSURÁVEIS

Buscar refúgio

No espaço a minha frente, aparecem Guru Chakrasambara Pai e Mãe, rodeados pela assembleia de Gurus-raiz e linhagem, Yidams, Três Joias, Assistentes e Protetores.

Imagine que você e todos os seres sencientes buscam refúgio, e recite três vezes:

Eu e todos os seres sencientes, os migrantes tão extensos quanto o espaço, doravante, até alcançarmos a essência da iluminação,
Buscamos refúgio nos gloriosos, sagrados Gurus,
Buscamos refúgio nos perfeitos Budas, os Abençoados,
Buscamos refúgio nos Dharmas sagrados,
Buscamos refúgio nas Sanghas superiores. (3x)

Gerar a bodhichitta

Gere a bodhichitta e as quatro incomensuráveis, enquanto você recita três vezes:

Uma vez que eu tenha alcançado o estado de um perfeito Buda, libertarei todos os seres sencientes do oceano de sofrimento do samsara e os levarei ao êxtase da plena iluminação. Com esse propósito, vou praticar as etapas do caminho de Vajrayogini. (3x)

Guru Vajradharma

Receber bênçãos

Agora, com as palmas das mãos unidas, recite:

Eu me prostro e busco refúgio nos Gurus e nas Três Joias Preciosas. Por favor, abençoai meu continuum mental.

Por ter assim recitado:

Os objetos de refúgio a minha frente se convertem em raios de luz branca, vermelha e azul escura. Eles se dissolvem em mim e recebo suas bênçãos de corpo, fala e mente.

Autogeração instantânea

Em um instante, eu me torno a Venerável Vajrayogini.

Abençoar a oferenda interior

Purifique a oferenda interior, seja com o "mantra-que-emana--das-quatro-bocas", seja com a seguinte recitação:

OM KHANDAROHI HUM HUM PHAT
OM SÖBHAWA SHUDDHA SARWA DHARMA SÖBHAWA SHUDDHO HAM
Tudo se torna vacuidade.

Do estado de vacuidade, do YAM vem vento; do RAM vem fogo; do AH, um tripé de três cabeças humanas. Sobre ele, do AH aparece uma ampla e vasta cuia de crânio. Dentro dela, do OM, KHAM, AM, TRAM, HUM vêm os cinco néctares; e do LAM, MAM, PAM, TAM, BAM vêm as cinco carnes, cada qual marcado por uma das letras. O vento sopra, o fogo arde e as substâncias dentro da cuia de crânio derretem e se fundem. Acima delas, do HUM surge um khatanga branco de cabeça para baixo, que cai e se derrete na cuia de crânio, fazendo com que as substâncias assumam cor de mercúrio. Acima disso, três fileiras sobrepostas de vogais e consoantes transformam-se em OM AH HUM. Deles, raios de luz atraem o néctar de excelsa sabedoria do coração de todos os Tathagatas, Heróis e Ioguines das

dez direções. Quando isso é adicionado, o conteúdo aumenta e se torna vasto.
OM AH HUM (3x)

Abençoar as oferendas exteriores

Agora, abençoe as duas águas, flores, incenso, luzes, perfume, alimentos e música.

OM KHANDAROHI HUM HUM PHAT
OM SÖBHAWA SHUDDHA SARWA DHARMA SÖBHAWA SHUDDHO HAM
Tudo se torna vacuidade.

Do estado de vacuidade, do KAM vêm vasilhas de crânio, dentro das quais, do HUM surgem substâncias de oferenda. Por sua natureza, vacuidade, cada uma delas tem o aspecto individual de uma das substâncias de oferenda, e servem como objetos de prazer dos seis sentidos para proporcionar especial êxtase incontaminado.

OM AHRGHAM AH HUM
OM PADÄM AH HUM
OM VAJRA PUPE AH HUM
OM VAJRA DHUPE AH HUM
OM VAJRA DIWE AH HUM
OM VAJRA GÄNDHE AH HUM
OM VAJRA NEWIDE AH HUM
OM VAJRA SHAPTA AH HUM

Meditação e recitação de Vajrasattva

Na minha coroa, sobre um lótus e um assento de lua, sentam-se Vajrasattva Pai e Mãe abraçados um ao outro. Eles têm corpos de cor branca, uma face e duas mãos, e seguram vajra e sino, faca curva e cuia de crânio. O Pai está adornado com seis mudras, a Mãe, com cinco. Sentam-se em postura vajra e de lótus. Sobre uma lua, no coração dele, está um HUM rodeado pelo rosário de mantra. Deste, uma corrente de néctar branco desce, purgando todas as doenças, espíritos, negatividades e obstruções.

OM VAJRA HERUKA SAMAYA, MANU PALAYA, HERUKA TENO PATITA, DRIDHO ME BHAWA, SUTO KAYO ME BHAWA, SUPO KAYO ME BHAWA, ANURAKTO ME BHAWA, SARWA SIDDHI ME PRAYATZA, SARWA KARMA SUTZA ME, TZITAM SHRIYAM KURU HUM, HA HA HA HA HO BHAGAWÄN, VAJRA HERUKA MA ME MUNTSA, HERUKA BHAWA, MAHA SAMAYA SATTÖ AH HUM PHAT

Recite o mantra 21 vezes e, depois, contemple:

Vajrasattva Pai e Mãe dissolvem-se em mim, e minhas três portas tornam-se inseparáveis do corpo, fala e mente de Vajrasattva.

O IOGA DO GURU

Visualização

No espaço a minha frente, surgindo a partir da aparência de excelsa sabedoria de pureza e clareza não duais, está uma mansão celestial quadrada com quatro portais, ornamentos e arcadas, e completa com todas as características essenciais. No centro, sobre um trono adornado com pedras preciosas e sustentado por oito grandes leões, num assento de lótus de várias cores, um sol e uma lua, senta-se meu bondoso Guru-raiz, no aspecto de Buda Vajradharma. Seu corpo é vermelho, tem uma face e duas mãos, que estão cruzadas na altura do coração e seguram um vajra e um sino. Seus cabelos estão presos, formando um coque no topo da cabeça, e senta-se com as pernas cruzadas em postura vajra. Ele aparece na forma de um jovem de dezesseis anos, na flor da juventude, adornado com sedas e todos os ornamentos de osso e pedras preciosas.

Começando da frente dele e rodeando-o em sentido anti-horário, estão todos os Gurus-linhagem, desde Buda Vajradhara até o meu Guru-raiz. Eles estão no aspecto do Herói Vajradharma, com corpos vermelhos, uma face e duas mãos. Com a mão direita tocam damarus, que ressoam com o som de êxtase e vacuidade. Com a mão esquerda, na altura do coração, seguram cuias de crânio repletas de néctar, e no cotovelo esquerdo sustentam khatangas.

Sentam-se com as pernas cruzadas em postura vajra. Estão na flor da juventude e adornados com seis ornamentos de osso.

O Principal e todo o seu séquito têm na testa OM, na garganta AH e no coração HUM. Do HUM no coração do Principal, raios de luz se irradiam e convidam, para que venham de suas moradas naturais, os Gurus, Yidams, hostes de Deidades do mandala, e a assembleia de Budas, Bodhisattvas, Heróis, Dakinis, Dharmapalas e Protetores.

OM VAJRA SAMADZA DZA HUM BAM HO
Cada um se torna uma natureza que é a síntese de todos os objetos de refúgio.

Prostração

Com as palmas das mãos unidas, recite:

Detentor do Vajra, meu Guru, que és como uma joia,
Por cuja bondade posso realizar
O estado de grande êxtase num instante,
A teus pés de lótus, humildemente me prostro.

Deusas oferecedoras emanam de meu coração e fazem as oferendas.

Oferendas exteriores

OM AHRGHAM PARTITZA SÖHA
OM PADÄM PARTITZA SÖHA
OM VAJRA PUPE AH HUM SÖHA
OM VAJRA DHUPE AH HUM SÖHA
OM VAJRA DIWE AH HUM SÖHA
OM VAJRA GÄNDHE AH HUM SÖHA
OM VAJRA NEWIDE AH HUM SÖHA
OM VAJRA SHAPTA AH HUM SÖHA

OM AH VAJRA ADARSHE HUM
OM AH VAJRA WINI HUM
OM AH VAJRA GÄNDHE HUM
OM AH VAJRA RASE HUM
OM AH VAJRA PARSHE HUM
OM AH VAJRA DHARME HUM

Oferenda interior

OM GURU VAJRA DHARMA SAPARIWARA OM AH HUM

Oferenda secreta

Contemple que inumeráveis deusas-conhecimento, como Pemachen, emanam do seu coração {do praticante} e assumem a forma de Vajrayogini. Guru Pai e Mãe unem-se em abraço e experienciam êxtase incontaminado.

E ofereço os mais atraentes e ilusórios mudras,
Uma hoste de mensageiras nascidas em lugares, nascidas de mantra e espontaneamente nascidas,
Com esbeltos corpos, peritas nas 64 artes do amor
E com o esplendor da beleza juvenil.

Oferenda da talidade (*thatness*)

Lembre-se de que as três esferas da oferenda são êxtase e vacuidade indivisíveis.

E ofereço a ti a suprema bodhichitta última,
Uma perfeita, excelsa sabedoria de êxtase espontâneo, livre de obstruções,
Inseparável da natureza de todos os fenômenos, a esfera livre de elaboração,
Sem esforço e além de palavras, pensamentos e expressões.

Oferecer nossa prática espiritual

Busco refúgio nas Três Joias
E confesso todas e cada uma das minhas ações negativas.
Regozijo-me nas virtudes de todos os seres
E prometo realizar a iluminação de um Buda.

Até que eu me torne um ser iluminado, vou buscar refúgio
Em Buda, no Dharma e na Suprema Assembleia,
E, para cumprir todas as metas, as minhas e as dos outros,
Vou gerar a mente de iluminação.

Tendo gerado a mente de suprema iluminação,
Chamarei todos os seres sencientes para serem meus convidados
E irei me empenhar nas agradáveis, supremas práticas
da iluminação.
Que eu alcance a Budeidade para beneficiar os migrantes.

Oferenda kusali tsog

Minha própria mente, a poderosa Senhora da Terra Dakini, do tamanho de apenas um polegar, sai pela coroa da minha cabeça e fica face a face com meu Guru-raiz. Eu, então, retorno para onde está o meu antigo corpo, corto o seu crânio e o coloco num tripé de três cabeças humanas que surgiu instantaneamente. Retalho em pedaços o restante de minha carne, sangue e ossos, e os empilho na cuia de crânio. Olhando fixamente, com olhos muito abertos, purifico, transformo e aumento tudo isso num oceano de néctar.
OM AH HUM HA HO HRIH (3x)

Inumeráveis deusas oferecedoras, segurando cuias de crânio, emanam do meu coração. Com as cuias de crânio, elas extraem néctar e o oferecem aos convidados, que dele compartilham, sorvendo com línguas que são canudos de luz-vajra.

Ofereço esse néctar de substância-compromisso
A ti, meu Guru-raiz, a natureza dos quatro corpos [de Buda];
Para teu deleite.
OM AH HUM (7x)

Ofereço esse néctar de substância-compromisso
A vós, Gurus-linhagem, a fonte de conquistas;
Para vosso deleite.
OM AH HUM

Ofereço esse néctar de substância-compromisso
A vós, a assembleia de Gurus, Yidams, Três Joias e Protetores;
Para vosso deleite.
OM AH HUM

Ofereço esse néctar de substância-compromisso
A vós, guardiões que residem nas vizinhanças e nas regiões;
Para que me presteis assistência.
OM AH HUM

Ofereço esse néctar de substância-compromisso
A vós, todos os seres sencientes nos seis reinos e no estado intermediário;
Para que sejais libertados.
OM AH HUM

Por essa oferenda, todos os convidados são saciados com êxtase incontaminado,
E os seres sencientes alcançam o Corpo-Verdade, livre de obstruções.
As três esferas da oferenda são da natureza de êxtase e vacuidade não duais,
Além de palavras, pensamentos e expressões.

Oferecer o mandala

OM VAJRA BHUMI AH HUM
Grande e poderoso solo dourado,
OM VAJRA REKHE AH HUM
Na fronteira, a cerca férrea rodeia o círculo exterior.
No centro, Monte Meru, o rei das montanhas,
Em torno do qual há quatro continentes:
A leste, Purvavideha, ao sul, Jambudipa,
A oeste, Aparagodaniya, ao norte, Uttarakuru.
Cada um tem dois subcontinentes:
Deha e Videha, Tsamara e Abatsamara,
Satha e Uttaramantrina, Kurava e Kaurava.
A montanha de joias, a árvore-que-concede-desejos,
A vaca-que-concede-desejos e a colheita não semeada.
A preciosa roda, a preciosa joia,
A preciosa rainha, o precioso ministro,
O precioso elefante, o precioso supremo cavalo,
O precioso general e o grande vaso-tesouro.

A deusa da beleza, a deusa das grinaldas,
A deusa da música, a deusa da dança,
A deusa das flores, a deusa do incenso,
A deusa da luz e a deusa do perfume.
O sol e a lua, o precioso guarda-sol,
O estandarte da vitória em cada direção.
No centro, os tesouros tanto de deuses quanto de homens,
Uma coleção de excelências que nada exclui.
Ofereço isso a vós, meus bondosos Guru-raiz e Gurus-linhagem,
A todos vós, sagrados e gloriosos Gurus;
Por favor, aceitai com compaixão pelos seres migrantes
E, uma vez aceito, por favor, concedei-nos vossas bênçãos.

Ó Tesouro de Compaixão, meu Refúgio e Protetor,
Ofereço a ti a montanha, continentes, objetos preciosos, vaso-tesouro, sol e lua,
Os quais surgiram dos meus agregados, fontes e elementos,
Como aspectos da excelsa sabedoria de êxtase espontâneo e vacuidade.

Ofereço, sem nenhum sentimento de perda,
Os objetos que fazem surgir meu apego, ódio e confusão,
Meus amigos, inimigos e estranhos, nossos corpos e prazeres;
Peço, aceita-os e abençoa-me, livrando-me diretamente dos três venenos.

IDAM GURU RATNA MANDALAKAM NIRYATAYAMI

Pedir aos Gurus-linhagem

Vajradharma, Senhor da família do oceano de Conquistadores,
Vajrayogini, suprema Mãe dos Conquistadores,
Naropa, poderoso Filho dos Conquistadores,
Peço a vós, por favor, concedei a excelsa sabedoria espontaneamente nascida.

Pamtingpa, detentor das explicações dos grandes segredos para
os discípulos,
Sherab Tseg, és um tesouro de todos os segredos preciosos,
Malgyur Lotsawa, senhor do oceano do Mantra Secreto,
Peço a vós, por favor, concedei a excelsa sabedoria espontaneamente
nascida.

Grande Lama Sakya, és o poderoso Vajradhara,
Venerável Sonam Tsemo, supremo filho-vajra,
Dragpa Gyaltsen, ornamento-coroa dos detentores do vajra,
Peço a vós, por favor, concedei a excelsa sabedoria espontaneamente
nascida.

Grande Pândita Sakya, mestre erudito da Terra das Neves,
Drogon Chogyel Pagpa, ornamento-coroa de todos os seres dos
três solos,
Shangton Choje, detentor da doutrina Sakya,
Peço a vós, por favor, concedei a excelsa sabedoria espontaneamente
nascida.

Nasa Dragpugpa, o poderoso realizado,
Sonam Gyaltsen, navegador dos eruditos e supremamente realizados,
Yarlungpa, senhor da linhagem sussurrada da família dos realizados,
Peço a vós, por favor, concedei a excelsa sabedoria espontaneamente
nascida.

Gyalwa Chog, refúgio e protetor de todos os migrantes, eu e os outros,
Jamyang Namka, és um grande ser,
Lodro Gyaltsen, grande ser e senhor do Dharma,
Peço a vós, por favor, concedei a excelsa sabedoria espontaneamente
nascida.

Jetsun Doringpa, és inigualável em bondade,
Tenzin Losel, praticaste de acordo com as palavras [do Guru],
Kyentse, o expositor da grande, secreta linhagem de palavras,
Peço a vós, por favor, concedei a excelsa sabedoria espontaneamente
nascida.

Herói Vajradharma

Labsum Gyaltsen, detentor das famílias mântricas,
Glorioso Wangchug Rabten, senhor que-tudo-permeia e senhor da centena de famílias,
Jetsun Kangyurpa, principal das famílias,
Peço a vós, por favor, concedei a excelsa sabedoria espontaneamente nascida.

Shaluwa, senhor que-tudo-permeia e senhor do oceano de mandalas,
Kyenrabje, principal de todos os mandalas,
Morchenpa, senhor do círculo de mandalas,
Peço a vós, por favor, concedei a excelsa sabedoria espontaneamente nascida.

Nesarpa, navegador do oceano das linhagens sussurradas,
Losel Phuntsog, senhor das linhagens sussurradas,
Tenzin Trinlay, erudito que promoveu as linhagens sussurradas,
Peço a vós, por favor, concedei a excelsa sabedoria espontaneamente nascida.

Kangyurpa, senhor que-tudo-permeia, sustentáculo da doutrina Ganden,
Ganden Dargyay, amigo dos migrantes em tempos degenerados,
Dharmabhadra, detentor da tradição Ganden,
Peço a vós, por favor, concedei a excelsa sabedoria espontaneamente nascida.

Losang Chopel, senhor dos Sutras e Tantras,
Concluíste a essência dos caminhos de todos os Sutras e Tantras,
Jigme Wangpo, erudito que promoveu os Sutras e Tantras,
Peço a vós, por favor, concedei a excelsa sabedoria espontaneamente nascida.

Dechen Nyingpo, tens as bênçãos de Naropa
Para explicar, perfeitamente de acordo com Naropa,
A essência dos excelentes caminhos maturadores e libertadores da Naro Dakini,
Peço a ti, por favor, concede a excelsa sabedoria espontaneamente nascida.

Losang Yeshe, Vajradhara,
És um tesouro de instruções sobre os [caminhos] maturadores e libertadores da Rainha-Vajra,
O supremo caminho rápido para alcançar o estado vajra,
Peço a ti, por favor, concede a excelsa sabedoria espontaneamente nascida.

Kelsang Gyatso, concluíste todos os excelsos estados profundos e essenciais,
És o compassivo Refúgio e Protetor dos seres sencientes-mães,
Revelas o caminho inequívoco,
Peço a ti, por favor, concede a excelsa sabedoria espontaneamente nascida. (3x)

Meu bondoso Guru-raiz, Vajradharma,
És a corporificação de todos os Conquistadores,
Que concedes as bênçãos da fala de todos os Budas,
Peço a ti, por favor, concede a excelsa sabedoria espontaneamente nascida.

Por favor, abençoa-me para que, por força da meditação
No ioga da Dakini do profundo estágio de geração,
E no ioga do canal central do estágio de conclusão,
Eu gere a excelsa sabedoria do grande êxtase espontâneo, e alcance o estado iluminado Dakini.

Receber as bênçãos das quatro iniciações

Peço a ti, ó Guru, que incorporas todos os objetos de refúgio,
Por favor, concede-me tuas bênçãos,
Por favor, concede-me as quatro iniciações inteiramente,
E concede-me, por favor, o estado dos quatro corpos. (3x)

Contemple que, como resultado dos seus pedidos:

Raios de luz branca e néctares brancos irradiam-se do OM
na testa do meu Guru.
Dissolvem-se em minha testa, purificando as negatividades
e obstruções do meu corpo.
Recebo a iniciação-vaso, e as bênçãos do corpo do meu Guru
entram em meu corpo.

Raios de luz vermelha e néctares vermelhos irradiam-se do AH
na garganta do meu Guru.
Dissolvem-se em minha garganta, purificando as negatividades
e obstruções da minha fala.
Recebo a iniciação secreta, e as bênçãos da fala do meu Guru
entram em minha fala.

Raios de luz azul e néctares azuis irradiam-se do HUM
no coração do meu Guru.
Dissolvem-se em meu coração, purificando as negatividades
e obstruções da minha mente.
Recebo a iniciação mudra-sabedoria, e as bênçãos da mente
do meu Guru entram em minha mente.

Raios de luz e néctares – brancos, vermelhos e azuis – irradiam-se
das letras nos três lugares do meu Guru.
Dissolvem-se em meus três lugares, purificando as negatividades
e obstruções do meu corpo, fala e mente.
Recebo a quarta iniciação, a iniciação da preciosa palavra,
e as bênçãos de corpo, fala e mente do meu Guru entram em
meu corpo, fala e mente.

Breve Pedido

Meu precioso Guru, a essência de todos os Budas dos três tempos,
rogo a ti, por favor, abençoa meu continuum mental. (3x)

Absorver os Gurus

Solicitado desse modo, os Gurus-linhagem ao redor de meu Guru-raiz se dissolvem nele. Por amor a mim, meu Guru-raiz também se dissolve na forma de luz vermelha e, entrando pela coroa da minha cabeça, mistura-se de modo inseparável com minha mente, no aspecto de uma letra BAM vermelha, em meu coração.

O IOGA DE AUTOGERAÇÃO

Trazer a morte para o caminho do Corpo-Verdade

Essa letra BAM se expande e se espalha até os confins do espaço, fazendo com que todos os mundos e seus seres se convertam na natureza de êxtase e vacuidade. Contraindo-se gradualmente a partir das bordas, ela se torna uma letra BAM extremamente diminuta, que se dissolve, por etapas, da base ao *nada*. Então, o próprio *nada* desaparece e se torna o Corpo-Verdade, de inseparável êxtase e vacuidade.
OM SHUNYATA GYANA VAJRA SÖBHAWA ÄMAKO HAM

Trazer o estado intermediário para o caminho do Corpo-de-Deleite

Do estado de vacuidade, onde toda aparência reuniu-se desse modo, aparece uma letra BAM vermelha aprumada no espaço; em essência, um aspecto da minha própria mente, a excelsa sabedoria de êxtase e vacuidade não duais.

Trazer o renascimento para o caminho do Corpo-Emanação

Do estado de vacuidade, do EH EH surge uma fonte-fenômenos vermelha, no formato de um duplo tetraedro. Dentro dela, do AH surge um mandala de lua branco, com um sombreado vermelho. Sobre ele, está o mantra OM OM OM SARWA BUDDHA DAKINIYE VAJRA WARNANIYE VAJRA BEROTZANIYE HUM HUM HUM PHAT PHAT PHAT SÖHA, em pé e descrevendo um círculo no sentido anti-horário. Eu, a letra BAM no espaço, vejo a lua, e motivado a renascer em seu centro, ingresso no centro da lua.

Raios de luz se irradiam da lua, da letra BAM e do rosário de mantra, convertendo todos os mundos e seres do samsara e do nirvana na natureza da Venerável Vajrayogini. Os raios se recolhem e se dissolvem na letra BAM e no rosário de mantra, que se transformam por completo no mandala sustentado e sustentador, plena e instantaneamente.

A meditação de examinar o mandala e os seres que nele habitam

Ademais, há um solo, cerca, tenda e dossel feitos de vajra, fora dos quais arde uma massa de fogo de cinco cores a rodopiar em sentido anti-horário. Dentro, está o círculo dos oito grandes solos sepulcrais – "o Feroz", e assim por diante. No centro desse círculo, há uma fonte-fenômenos vermelha no formato de um duplo tetraedro, com sua parte larga voltada para cima e a extremidade fina apontada para baixo. Excetuando os ângulos da frente e de trás, cada um dos outros quatro ângulos está marcado com um torvelinho-rosa de alegria, a rodopiar em sentido anti-horário.

Dentro da fonte-fenômenos, está um mandala de sol no centro de um lótus de oito pétalas de várias cores. Sobre ele, eu surjo na forma da Venerável Vajrayogini. Minha perna direita, esticada, pisa sobre o peito da vermelha Kalarati. Minha perna esquerda, dobrada, pisa sobre a cabeça de Bhairawa negro, vergada para trás. Tenho um corpo vermelho, que resplandece com o brilho igual ao do fogo do éon. Tenho uma face, duas mãos e três olhos, e meu olhar está voltado para a Terra Pura das Dakinis. Minha mão direita, esticada e apontando para baixo, segura uma faca curva marcada com um vajra. Minha mão esquerda segura, ao alto, uma cuia de crânio repleta de sangue, que compartilho e bebo com a boca voltada para o alto. Meu ombro esquerdo sustenta um khatanga marcado com um vajra, e do khatanga pendem um damaru, um sino e um triplo estandarte. Meus cabelos, pretos e soltos, cobrem minhas costas até a cintura. Na flor de minha juventude, meus desejáveis seios são fartos e

Venerável Vajrayogini

mostro como gerar êxtase. Minha cabeça está adornada com cinco crânios humanos, e uso um colar de cinquenta crânios humanos. Nua, estou adornada com cinco mudras, e estou em pé no centro de um fogo flamejante de excelsa sabedoria.

O IOGA DE PURIFICAR OS MIGRANTES

No interior de uma fonte-fenômenos vermelha no formato de um duplo tetraedro, em meu coração, está um mandala de lua. Em seu centro, está uma letra BAM rodeada por um rosário de mantra. Deles, raios de luz se irradiam e saem pelos poros de minha pele. Ao tocar todos os seres sencientes dos seis reinos, purificam suas negatividades e obstruções, juntamente com suas marcas, e os transformam, todos, na forma de Vajrayogini.

O IOGA DE SER ABENÇOADO POR HERÓIS E HEROÍNAS

Meditação no mandala de corpo

No centro de uma fonte-fenômenos e um assento de lua, em meu coração, está uma letra BAM, que é a natureza dos quatro elementos. Dividindo-se, ela se transforma nas quatro letras YA, RA, LA, WA – as sementes dos quatro elementos. Elas são a natureza das pétalas das quatro direções da roda-canal do coração, tal como "a Desejante". Elas se transformam, começando a partir da esquerda, em Lama, Khandarohi, Rupini e Dakini. No centro, a lua crescente, a gota e o *nada* da letra BAM, cuja natureza é a união das minhas gotas muito sutis, a vermelha e a branca, transformam-se na Venerável Vajrayogini.

Fora delas, em sequência, estão os canais (como "o Imutável"), dos 24 lugares do corpo (como o contorno do couro cabeludo e a coroa), e os 24 elementos dos quais vêm as unhas, os dentes, e assim por diante. Esses canais e elementos, por natureza inseparáveis, tornam-se a natureza das 24 letras do mantra OM OM e assim por diante, em pé e formando um círculo em sentido anti-horário a partir do leste. As letras se transformam nas oito Heroínas da família-coração: Partzandi, Tzändriakiya, Parbhawatiya, Mahanasa, Biramatiya, Karwariya, Lamkeshöriya e Drumatzaya; nas oito Heroínas da família-fala: Airawatiya, Mahabhairawi, Bayubega, Surabhakiya, Shamadewi, Suwatre, Hayakarne e Khaganane; e nas oito Heroínas da família-corpo: Tzatrabega, Khandarohi, Shaundini, Tzatrawarmini, Subira, Mahabala, Tzatrawartini e Mahabire. Essas são as efetivas Ioguines não duais com os Heróis dos 24 lugares exteriores, tal como "Puliramalaya". Os canais e elementos das oito portas (tal como a boca), por natureza inseparáveis das oito letras HUM HUM e assim por diante, se transformam em Kakase, Ulukase, Shönase, Shukarase, Yamadhathi, Yamaduti, Yamadangtrini e Yamamatani. Todas elas têm a forma corporal da Venerável Senhora, completas com ornamentos e detalhes.

Absorver os seres-de-sabedoria e fundir os três mensageiros

Faça o mudra fulgurante e recite:

PHAIM
Raios de luz se irradiam da letra BAM em meu coração, saem por entre minhas sobrancelhas e se espalham para as dez direções. Eles convidam todos os Tathagatas, Heróis e Ioguines das dez direções, todos sob o aspecto de Vajrayogini.
DZA HUM BAM HO

Os seres-de-sabedoria são chamados, dissolvem-se, permanecem firmes e ficam deleitados. Agora, com o mudra "lótus-que-gira", seguido do mudra abraço, recite:

OM YOGA SHUDDHA SARWA DHARMA YOGA SHUDDHO HAM
Eu sou a natureza do ioga de todos os fenômenos completamente purificados.

Contemple orgulho divino.

Vestir a armadura

Em lugares de meu corpo, surgem mandalas de lua, sobre os quais, em meu umbigo estão OM BAM vermelhos, Vajravarahi; em meu coração, HAM YOM azuis, Yamani; em minha garganta, HRIM MOM brancos, Mohani; em minha testa, HRIM HRIM amarelos, Sachalani; em minha coroa, HUM HUM verdes, Samtrasani; e em todos os meus membros, PHAT PHAT cor-de--fumaça, essência de Chandika.

Conceder a iniciação e adornar a coroa

PHAIM
Raios de luz se irradiam da letra BAM em meu coração e convidam as Deidades Que-Concedem-Iniciação, o mandala sustentado e sustentador do Glorioso Chakrasambara.

Ó, todos vós, Tathagatas, por favor, concedei a iniciação.

Solicitados desse modo, as oito Deusas dos portais afastam os impedimentos, os Heróis recitam versos auspiciosos, as Heroínas cantam canções-vajra, e as Rupavajras e as demais fazem oferendas. O Principal decide mentalmente conceder a iniciação, e as Quatro Mães, juntamente com Varahi, segurando vasos adornados com joias e repletos com os cinco néctares, conferem a iniciação pela coroa de minha cabeça.

"Assim como todos os Tathagatas concederam ablução
No momento do nascimento [de Buda],
Também nós, agora, concedemos ablução
Com a água pura dos deuses.

OM SARWA TATHAGATA ABHIKEKATA SAMAYA SHRIYE HUM"

Dizendo isso, elas concedem a iniciação. Meu corpo é preenchido por inteiro, todas as máculas são purificadas, e o excesso de água remanescente em minha coroa transforma-se em Vairochana--Heruka com a Mãe, os quais adornam minha coroa.

Oferendas à autogeração

Se você estiver fazendo a autogeração em associação com a autoiniciação, é necessário abençoar as oferendas exteriores neste ponto.

Deusas oferecedoras emanam de meu coração e fazem as oferendas.

Oferendas exteriores

OM AHRGHAM PARTITZA SÖHA
OM PADÄM PARTITZA SÖHA
OM VAJRA PUPE AH HUM SÖHA
OM VAJRA DHUPE AH HUM SÖHA
OM VAJRA DIWE AH HUM SÖHA
OM VAJRA GÄNDHE AH HUM SÖHA
OM VAJRA NEWIDE AH HUM SÖHA
OM VAJRA SHAPTA AH HUM SÖHA

OM AH VAJRA ADARSHE HUM
OM AH VAJRA WINI HUM
OM AH VAJRA GÄNDHE HUM
OM AH VAJRA RASE HUM
OM AH VAJRA PARSHE HUM
OM AH VAJRA DHARME HUM

Oferenda interior

OM OM OM SARWA BUDDHA DAKINIYE VAJRA WARNANIYE VAJRA BEROTZANIYE HUM HUM HUM PHAT PHAT PHAT SÖHA OM AH HUM

Oferenda secreta e oferenda da talidade (*thatness*)

Para fazer a oferenda secreta e a oferenda da talidade, imagine:

Eu, Vajrayogini, estou em união com Chakrasambara, que se transformou a partir do meu khatanga, e gero êxtase espontâneo e vacuidade.

ou imagine que, estando na forma de Vajrayogini, você se transforma em Heruka e, com orgulho divino, efetua a oferenda secreta e a oferenda da talidade, do seguinte modo:

Com a clareza de Vajrayogini, meus seios desaparecem e desenvolvo um pênis. No ponto exato do centro de minha vagina, os dois lados se convertem em dois testículos semelhantes a sinos, e o estame se transforma no próprio pênis. Desse modo, assumo a forma do Grande Alegre Heruka em união com a Mãe Secreta Vajrayogini, que é, por natureza, a síntese de todas as Dakinis.

Da esfera da inobservabilidade do lugar secreto do Pai, a partir de um HUM branco surge, ali, um vajra branco de cinco hastes, ou dentes, e de um BÄ vermelho surge, ali, uma joia vermelha com um BÄ amarelo marcando seu topo.

Da esfera da inobservabilidade do lugar secreto da Mãe, a partir de um AH surge, ali, um lótus vermelho de três pétalas, e de um DÄ branco surge, ali, um estame branco, que representa a bodhichitta branca, com um DÄ amarelo marcando seu topo.

OM SHRI MAHA SUKHA VAJRA HE HE RU RU KAM AH HUM HUM PHAT SÖHA

Devido ao Pai e à Mãe estarem absortos em-união, a bodhichitta derrete. Quando, ao descer da minha coroa, ela alcança minha garganta, [experiencio] alegria. Quando, ao descer da minha garganta, ela alcança o meu coração, [experiencio] suprema alegria. Quando, ao descer do meu coração, ela alcança o meu umbigo, [experiencio] extraordinária alegria. Quando, ao descer do meu umbigo, ela alcança a ponta da minha joia, gero excelsa sabedoria espontânea, por meio da qual permaneço absorto na concentração de êxtase e vacuidade inseparáveis. Desse modo, por meio desse êxtase inseparavelmente unido com a vacuidade, que permanece em absorção estritamente focada na talidade (*thatness*) – que é a ausência de existência inerente das três esferas da oferenda – eu me deleito com a oferenda secreta e a oferenda da talidade (*thatness*).

Então, contemple:

Uma vez mais, eu me torno a Venerável Vajrayogini.

Os oito versos de louvor à Mãe

OM NAMO BHAGAWATI VAJRA VARAHI BAM HUM HUM PHAT
OM NAMO ARYA APARADZITE TRE LOKYA MATI BIYE SHÖRI HUM HUM PHAT
OM NAMA SARWA BUTA BHAYA WAHI MAHA VAJRE HUM HUM PHAT
OM NAMO VAJRA SANI ADZITE APARADZITE WASHAM KARANITRA HUM HUM PHAT
OM NAMO BHRAMANI SHOKANI ROKANI KROTE KARALENI HUM HUM PHAT
OM NAMA DRASANI MARANI PRABHE DANI PARADZAYE HUM HUM PHAT
OM NAMO BIDZAYE DZAMBHANI TAMBHANI MOHANI HUM HUM PHAT
OM NAMO VAJRA VARAHI MAHA YOGINI KAME SHÖRI KHAGE HUM HUM PHAT

O IOGA DA RECITAÇÃO VERBAL E MENTAL

Recitação verbal

No centro de um mandala de lua, dentro de uma fonte-fenômenos vermelha no formato de um duplo tetraedro, em meu coração, está uma letra BAM rodeada por um rosário de mantra vermelho, em pé e no sentido anti-horário. Incomensuráveis raios de luz vermelha irradiam-se de tudo isso. Eles purificam as negatividades e obstruções de todos os seres sencientes e fazem oferendas a todos os Budas. Todo o poder e a força de suas bênçãos são invocados sob a forma de raios de luz vermelha, que se dissolvem na letra BAM e no rosário de mantra, abençoando meu continuum mental.

OM OM OM SARWA BUDDHA DAKINIYE VAJRA WARNANIYE VAJRA BEROTZANIYE HUM HUM HUM PHAT PHAT PHAT SÖHA

Recite, pelo menos, o número de mantras que você prometeu recitar todos os dias.

Recitação Mental

(1) Sente-se na postura dos sete gestos e, se quiser gerar êxtase, traga, do coração para o local secreto, a fonte-fenômenos, a lua e as letras do mantra; ou, se você quiser gerar uma mente não conceitual, traga-os do coração para o umbigo e, então, envolva-os com os ventos. Como se estivesse lendo mentalmente o rosário de mantra, que se encontra em sentido anti-horário formando um círculo, colete apenas três, cinco ou sete recitações. Depois, enquanto prende a respiração, concentre sua mente nos torvelinhos-rosa de alegria girando em sentido anti-horário nos quatro ângulos da fonte-fenômenos, exceto nos ângulos da frente e de trás, e concentre-se especialmente no nada *da letra BAM, ao centro, e que está prestes a arder.*

(2) O torvelinho-vermelho de alegria, na extremidade superior do canal central, e o torvelinho-branco de alegria, na extremidade inferior, cada um do tamanho de um grão de cevada, rumam para o coração, enquanto rodopiam energicamente em sentido anti-horário. No coração, eles se misturam e diminuem gradualmente até se dissolverem na vacuidade. Posicione sua mente em absorção no êxtase e vacuidade.

O IOGA DA INCONCEPTIBILIDADE

Da letra BAM e do rosário de mantra em meu coração, raios de luz irradiam-se e permeiam os três reinos. O reino da sem-forma dissolve-se na parte superior do meu corpo, no aspecto de raios de luz azul. O reino da forma dissolve-se na parte mediana do meu corpo, no aspecto de raios de luz vermelha. O reino do desejo dissolve-se na parte inferior do meu corpo, no aspecto de raios de luz branca. Eu, por minha vez, gradualmente me converto em luz a partir de baixo e de cima, e dissolvo-me na fonte-fenômenos. Que se dissolve na lua. Que se dissolve nas 32 Ioguines. Elas se dissolvem nas quatro Ioguines; e estas se dissolvem na Principal Senhora do mandala de corpo. A Principal Senhora, por sua vez, converte-se gradualmente em luz a partir de baixo e de cima, e dissolve-se na fonte-fenômenos. Que se dissolve na lua. Que se dissolve no rosário de mantra. Que se dissolve na letra BAM. Que se dissolve na cabeça do BAM. Que se dissolve na lua crescente. Que se dissolve na gota. Que se dissolve no *nada*; e este, diminuindo cada vez mais, se dissolve na clara-luz-vacuidade.

O IOGA DAS AÇÕES DIÁRIAS

Do estado de vacuidade, eu surjo instantaneamente como a Venerável Vajrayogini. Em lugares de meu corpo, surgem mandalas de lua, sobre os quais, em meu umbigo estão OM BAM vermelhos, Vajravarahi; em meu coração, HAM YOM azuis, Yamani; em minha garganta, HRIM MOM brancos, Mohani; em minha testa, HRIM HRIM amarelos, Sachalani; em minha coroa, HUM HUM verdes, Samtrasani; e em todos os meus membros, PHAT PHAT cor-de-fumaça, essência de Chandika.

Para proteger as direções principais e as direções intermediárias, recite 2 vezes:

OM SUMBHANI SUMBHA HUM HUM PHAT
OM GRIHANA GRIHANA HUM HUM PHAT
OM GRIHANA PAYA GRIHANA PAYA HUM HUM PHAT
OM ANAYA HO BHAGAWÄN VAJRA HUM HUM PHAT

O ioga das tormas

Disponha oferendas de modo tradicional e, então, purifique-as da seguinte maneira:

OM KHANDAROHI HUM HUM PHAT
OM SÖBHAWA SHUDDHA SARWA DHARMA SÖBHAWA SHUDDHO HAM
Tudo se torna vacuidade.

Do estado de vacuidade, do KAM vêm vasilhas de crânio, dentro das quais, do HUM surgem substâncias de oferenda. Por sua natureza, vacuidade, cada uma delas tem o aspecto individual de uma das substâncias de oferenda, e servem como objetos de prazer dos seis sentidos para proporcionar especial êxtase incontaminado.

OM AHRGHAM AH HUM
OM PADÄM AH HUM
OM VAJRA PUPE AH HUM
OM VAJRA DHUPE AH HUM
OM VAJRA DIWE AH HUM
OM VAJRA GÄNDHE AH HUM
OM VAJRA NEWIDE AH HUM
OM VAJRA SHAPTA AH HUM

Abençoar as tormas

OM KHANDAROHI HUM HUM PHAT
OM SÖBHAWA SHUDDHA SARWA DHARMA SÖBHAWA
    SHUDDHO HAM
Tudo se torna vacuidade.

Do estado de vacuidade, do YAM vem vento; do RAM vem fogo; do AH, um tripé de três cabeças humanas. Sobre ele, do AH aparece uma ampla e vasta cuia de crânio. Dentro dela, do OM, KHAM, AM, TRAM, HUM vêm os cinco néctares; e do LAM, MAM, PAM, TAM, BAM vêm as cinco carnes, cada qual marcado por uma das letras. O vento sopra, o fogo arde e as substâncias dentro da cuia de crânio derretem e se fundem. Acima delas, do HUM surge um khatanga branco de cabeça para baixo, que cai e se derrete na cuia de crânio, fazendo com que as substâncias assumam cor de mercúrio. Acima disso, três fileiras sobrepostas de vogais e consoantes transformam-se em OM AH HUM. Deles, raios de luz atraem o néctar de excelsa sabedoria do coração de todos os Tathagatas, Heróis e Ioguines das dez direções. Quando isso é adicionado, o conteúdo aumenta e se torna vasto.
OM AH HUM (3x)

Fazer o convite aos convidados da torma

PHAIM
Raios de luz se irradiam da letra BAM em meu coração e convidam a Venerável Vajrayogini, rodeada pela assembleia de Gurus, Yidams, Budas, Bodhisattvas, Heróis, Dakinis, Protetores do Dharma e Protetores mundanos, para virem de Akanishta ao espaço a minha frente. De um HUM, na língua de cada convidado, surge um vajra tridentado, através do qual eles compartilham da essência da torma, sorvendo-a por canudos de luz da espessura de apenas um grão de cevada.

Oferecer a torma principal

Ofereça a torma, enquanto você recita três ou sete vezes:

OM VAJRA AH RA LI HO: DZA HUM BAM HO: VAJRA DAKINI SAMAYA TÖN TRISHAYA HO

Oferecer a torma às Dakinis mundanas

Ofereça a torma, enquanto você recita duas vezes:

OM KHA KHA, KHAHI KHAHI, SARWA YAKYA RAKYASA, BHUTA, TRETA, PISHATSA, UNATA, APAMARA, VAJRA DAKA, DAKI NÄDAYA, IMAM BALING GRIHANTU, SAMAYA RAKYANTU, MAMA SARWA SIDDHI METRA YATZANTU, YATIPAM, YATETAM, BHUDZATA, PIWATA, DZITRATA, MATI TRAMATA, MAMA SARWA KATAYA, SÄDSUKHAM BISHUDHAYE, SAHAYEKA BHAWÄNTU, HUM HUM PHAT PHAT SÖHA

Oferendas exteriores

OM VAJRA YOGINI SAPARIWARA AHRGHAM, PADÄM, PUPE, DHUPE, ALOKE, GÄNDHE, NEWIDE, SHAPTA AH HUM

Oferenda interior

OM VAJRA YOGINI SAPARIWARA OM AH HUM

Louvor

Ó Gloriosa Vajrayogini,
Rainha Dakini Chakravatin,
Que tens cinco sabedorias e três corpos,
A ti, Salvadora de todos, eu me prostro.

Às muitas Dakinis Vajra,
Que, como Senhoras das ações mundanas,
Cortais nossas amarras aos preconceitos,
A todas vós, Senhoras, eu me prostro.

Prece para contemplar a linda face de Vajrayogini

Êxtase e vacuidade de infinitos Conquistadores que, como num drama,
Aparecem como tantas diferentes visões no samsara e no nirvana;
Dentre todas, tu és agora a bela e poderosa Senhora da Terra Dakini,
Lembro-me sinceramente de ti; por favor, cuida de mim com teu divertido abraço.

Dos Conquistadores em Akanishta, tu és a mãe espontaneamente nascida,
És as Dakinis nascidas em campo nos 24 lugares;
Tu és os mudras-ação que cobrem toda a terra,
Ó Venerável Senhora, és o supremo refúgio para mim, o iogue.

Tu que és a manifestação da vacuidade da mente, ela própria,
És o efetivo BAM, a esfera do EH, na cidade do vajra.
Na terra da ilusão, mostra-te como uma terrível canibal
E como uma sorridente, vibrante e encantadora jovem senhora.

Mas, por mais que tenha procurado, ó Nobre Senhora,
Não pude encontrar certeza alguma de que és verdadeiramente existente.
Então, a juventude da minha mente, exausta por suas elaborações,
Veio para repousar no abrigo da floresta, que está além de toda e qualquer expressão.

Que maravilhoso, por favor, surge da esfera do Dharmakaya
E cuida de mim pela verdade do que é dito
No glorioso Heruka, Rei dos Tantras –
Que aquisições vêm de recitar o supremo mantra-essência-
-aproximador da Rainha-Vajra.

Na isolada floresta de Odivisha,
Tu cuidaste de Vajra Ghantapa, o poderoso Siddha,
Que, com o êxtase do teu beijo e abraço, veio a desfrutar do abraço
supremo.
Ó, por favor, cuida de mim da mesma maneira.

Assim como o Venerável Kusali foi diretamente levado
De uma ilha no Ganges à esfera do espaço,
E, assim como cuidaste do glorioso Naropa,
Por favor, leva-me também à cidade da alegre Dakini.

Pela força da compaixão de meus supremos Guru-raiz e Gurus-
-linhagem,
Pelo caminho especialmente profundo e rápido do magnífico
Tantra último e secreto
E pela pura intenção superior, minha, o iogue,
Possa eu logo contemplar tua sorridente face, ó alegre Senhora
Dakini.

Pedir a satisfação dos desejos

Ó Venerável Vajrayogini, por favor, conduz a mim e a todos os seres sencientes à Terra Pura das Dakinis. Por favor, concede-nos cada uma das aquisições mundanas e supramundanas. (3x)

Se deseja fazer uma oferenda tsog, você deve incluí-la neste ponto. A oferenda tsog compreende as páginas 203–209.

Oferecer a torma aos Protetores do Dharma em geral

OM AH HUM HA HO HRIH (3x)

HUM
Do teu puro palácio de grande êxtase em Akanishta,
Grande poderoso que emana do coração de Vairochana,
Dorje Gur, chefe soberano de todos os Protetores da doutrina,
Ó glorioso Mahakala, por favor, vem a nós e compartilha desta oferenda e torma.

De Yongdui Tsel e do palácio de Yama
E do lugar supremo de Devikoti em Jambudipa,
Namdru Remati, principal Senhora do reino do desejo,
Ó Palden Lhamo, por favor, vem a nós e compartilha desta oferenda e torma.

Do mandala da esfera bhaga de aparência e existência,
Mãe Yingchugma, principal Senhora de todo o samsara e nirvana,
Chefe de Dakinis e demônios, feroz protetora dos mantras,
Ó Grande Mãe Ralchigma, por favor, vem a nós e compartilha desta oferenda e torma.

De Silwa Tsel e Haha Gopa,
De Singaling e da montanha nevada de Ti Se,
E de Darlungne e Kaui Dragdzong,
Ó Zhingkyong Wangpo, por favor, vem a nós e compartilha desta oferenda e torma.

Dos oito solos sepulcrais e de Risul no sul,
De Bodhgaya e do glorioso Samye,
E de Nalatse e do glorioso Sakya,
Ó Legon Pomo, por favor, vem a nós e compartilha desta oferenda e torma.

Kinkara

Dos solos sepulcrais de Marutse no nordeste,
Das colinas vermelhas e rochosas de Bangso na Índia
E dos lugares supremos de Darlung Dagram e assim por diante,
Ó Yakya Chamdrel, por favor, vem a nós e compartilha desta oferenda e torma.

Especialmente de Odiyana, Terra das Dakinis,
E de tua morada natural,
Completamente rodeado por Dakinis mundanas e supramundanas,
Ó Pai-e-Mãe Senhor dos Solos Sepulcrais, por favor, vem a nós e compartilha desta oferenda e torma.

Dos lugares supremos, como Tushita, Keajra e assim por diante,
Grande Protetor da doutrina do segundo Conquistador,
Dorje Shugden, Cinco Linhagens, juntamente com vossos séquitos,
Por favor, vinde a nós e compartilhai desta oferenda e torma.

Peço e faço oferendas a vós, ó Hoste de Protetores da doutrina do Conquistador,
Eu vos propicio e confio em vós, ó Grandes Protetores das palavras do Guru,
Clamo a vós e rogo, ó Hoste de Destruidores dos obstrutores dos iogues,
Por favor, vinde a nós rapidamente e compartilhai desta oferenda e torma.

Ofereço uma torma adornada com carne vermelha e sangue.
Ofereço bebidas alcoólicas, néctares medicinais e sangue.
Ofereço o som de grandes tambores, trombetas de fêmur e címbalos.
Ofereço grandes flâmulas de seda negra, que ondulam como nuvens.

Ofereço atrações surpreendentemente belas, semelhantes ao espaço.
Ofereço cantos fortes que são poderosos e melodiosos.
Ofereço um oceano de substâncias-compromisso exteriores, interiores e secretas.
Ofereço o jogo da excelsa sabedoria de êxtase e vacuidade inseparáveis.

Dorje Shugden

Protegei a preciosa doutrina de Buda.
Aumentai o renome das Três Joias.
Levai adiante os feitos dos gloriosos Gurus,
E satisfazei quaisquer pedidos que eu vos faça.

Pedir indulgência

Agora, recite o mantra de cem letras de Heruka:

OM VAJRA HERUKA SAMAYA, MANU PALAYA, HERUKA TENO PATITA, DRIDHO ME BHAWA, SUTO KAYO ME BHAWA, SUPO KAYO ME BHAWA, ANURAKTO ME BHAWA, SARWA SIDDHI ME PRAYATZA, SARWA KARMA SUTZA ME, TZITAM SHRIYAM KURU HUM, HA HA HA HA HO BHAGAWÄN, VAJRA HERUKA MA ME MUNTSA, HERUKA BHAWA, MAHA SAMAYA SATTÖ AH HUM PHAT

Peça indulgência, recitando:

Quaisquer erros que eu tenha cometido
Por não encontrar, não entender
Ou não ter a habilidade,
Por favor, ó Protetor, sê paciente com tudo isso.

OM VAJRA MU Os seres-de-sabedoria, convidados da torma, dissolvem-se em mim, e os seres mundanos retornam aos seus próprios locais.

Preces dedicatórias

Por essa virtude, que eu rapidamente
Realize a verdadeira, efetiva Dakini
E, então, conduza cada ser vivo,
Sem exceção, a esse solo.

Na hora da minha morte, que os Protetores, Heróis, Heroínas e demais seres sagrados,
Portando flores, para-sóis e estandartes da vitória
E oferecendo a doce música de címbalos e assim por diante,
Conduzam-me à Terra das Dakinis.

Pela verdade das válidas Deusas,
Por seus válidos compromissos
E pelas palavras supremamente válidas que falaram,
Que [as minhas virtudes] sejam a causa para que eu seja cuidado
pelas Deusas.

Dedicatória extensa

Se tiver tempo e desejo, você pode concluir com estas preces, escritas por Tsarpa Dorjechang:

Na grande embarcação de liberdade e dote,
Hasteada a vela branca da contínua-lembrança da impermanência
E soprada pelo vento favorável de aceitar e abandonar ações e efeitos,
Que eu seja libertado do terrível e assustador oceano do samsara.

Confiando na joia-coroa dos objetos não enganosos de refúgio,
Tomando sobre mim a responsabilidade do grande propósito
dos migrantes – minhas mães –
E limpando minhas máculas e falhas com o néctar de Vajrasattva,
Que eu seja cuidado pelos compassivos, Veneráveis Gurus.

A bela Mãe dos Conquistadores é a Ioguine exterior,
A letra BAM é a suprema Rainha-Vajra interior,
A clareza e a vacuidade da mente, ela própria, é a secreta Mãe Dakini;
Que eu desfrute o divertimento de ver a natureza própria
de cada uma.

O ambiente mundano é a mansão celestial da letra EH,
E seus habitantes – os seres sencientes – são as Ioguines da letra BAM;
Pela concentração do grande êxtase da união deles,
Que qualquer aparência que surja seja uma aparência pura.

Assim, pelos iogas [que enumeram] as direções e a lua,
Que eu seja, por fim, conduzido diretamente à cidade dos
Detentores do Saber
Pela Senhora de alegria, cor-de-coral,
De cabelos ruivos livremente soltos e dardejantes olhos alaranjados.

Tendo praticado num local de cadáveres, com sindhura e uma haste de langali
E tendo vagado por terras afora,
Que a linda Senhora a quem o torvelinho de minha testa se transferir
Conduza-me à Terra das Dakinis.

Quando a Varahi interior tiver destruído a videira escandente do apreendedor e do apreendido,
E a Senhora dançante, que reside no meu supremo canal central,
Tiver emergido pela porta de Brahma para a esfera do caminho de nuvens,
Que ela se una em abraço e brinque com o Herói, Bebedor de Sangue.

Pelo ioga de unificar [os dois ventos], meditando de modo estritamente focado
Na minúscula semente dos cinco ventos no lótus do meu umbigo,
Que meu continuum mental seja saciado pelo supremo êxtase
Que vem das perfumadas gotas permeando os canais do meu corpo-mente.

Quando, pelo brincar risonho e alegre da bela Senhora
De luz tummo ardente dentro do meu canal central,
A jovem letra HAM tiver sido completamente amolecida,
Que eu alcance o solo do grande êxtase da união.

Quando o RAM negro-avermelhado, que reside no centro dos três canais no meu umbigo,
Tiver sido inflamado por meus ventos superiores e inferiores
E seu fogo purificador tiver consumido os setenta e dois mil elementos impuros,
Que o meu canal central seja completamente preenchido com gotas puras.

Quando a gota de cinco cores entre minhas sobrancelhas tiver ido para a minha coroa,
E o fluxo de líquido-lua dela originado
Tiver alcançado o estame do meu lótus secreto,
Que eu seja saciado pelas quatro alegrias do descer e ascender.

Quando, por serem tocados pelos raios de cinco luzes que se irradiam dessa gota,
Todos os fenômenos estáveis e móveis, meu corpo, e assim por diante,
Tiverem sido transformados numa massa de brilhantes e claros arco-íris,
Que eu ingresse uma vez mais na morada natural, a esfera de êxtase e vacuidade.

Quando a Ioguine da minha própria mente, a união além do intelecto,
O estado primordial de vacuidade e clareza inexprimíveis,
A natureza original – livre de surgir, cessar e permanecer –
Reconhecer sua própria entidade, que eu seja para sempre nutrido.

Quando os meus canais, ventos e gotas tiverem se dissolvido na esfera de EVAM,
E a mente, ela própria, tiver alcançado a glória do Corpo-Verdade de grande êxtase,
Que eu cuide desses migrantes, tão extensos como o espaço,
Com incomensuráveis manifestações de incontáveis Corpos-Forma.

Pelas bênçãos dos Conquistadores e de seus maravilhosos Filhos,
Pela verdade da relação-dependente não enganosa
E pelo poder e força de minha pura intenção superior,
Que todos os pontos de minhas sinceras preces se realizem.

Preces auspiciosas

Que haja a auspiciosidade de velozmente receber as bênçãos
Das hostes de gloriosos, sagrados Gurus,
Vajradhara, Pândita Naropa, e assim por diante,
Os gloriosos Senhores de toda virtude e excelência.

Que haja a auspiciosidade do Corpo-Verdade Dakini,
Perfeição de sabedoria, a suprema Mãe dos Conquistadores,
Clara-luz natural, desde o princípio livre de elaboração,
A Senhora que emana e reúne todas as coisas, estáveis e móveis.

Que haja a auspiciosidade do Perfeito Corpo-de-Deleite,
espontaneamente nascido,
Um corpo radiante e belo, resplandecente com a glória das marcas
maiores e menores,
Uma fala que proclama o supremo veículo, com sessenta melodias,
E uma mente de êxtase e clareza não conceituais, que possui
as cinco excelsas sabedorias.

Que haja a auspiciosidade do Corpo-Emanação, nascido nos locais,
Senhoras que, com diversos Corpos-Forma em numerosos locais,
Realizam, por diversos meios, as metas dos muitos a serem
domados,
De acordo com os seus numerosos desejos.

Que haja a auspiciosidade da suprema Dakini, nascida de mantra,
Uma Venerável Senhora com uma cor similar à de um rubi,
Com um modo sorridente e irado, uma face e duas mãos que
seguram faca curva e cuia de crânio,
E duas pernas, nas posições dobrada e esticada.

Que haja a auspiciosidade dos teus incontáveis milhões de
emanações,
E das hostes de setenta e duas mil [Dakinis],
Eliminando todas as obstruções dos praticantes
E concedendo as aquisições tão grandemente almejadas.

Preces pela Tradição Virtuosa

Para que a tradição de Je Tsongkhapa,
O Rei do Dharma, floresça,
Que todos os obstáculos sejam pacificados
E todas as condições favoráveis sejam abundantes.

Pelas duas coleções, minhas e dos outros,
Reunidas ao longo dos três tempos,
Que a doutrina do Conquistador Losang Dragpa
Floresça para sempre.

Prece *Migtsema* de nove versos

Tsongkhapa, ornamento-coroa dos eruditos da Terra das Neves,
Tu és Buda Shakyamuni e Vajradhara, a fonte de todas as conquistas,
Avalokiteshvara, o tesouro de inobservável compaixão,
Manjushri, a suprema sabedoria imaculada,
E Vajrapani, o destruidor das hostes de maras.
Ó Venerável Guru Buda, síntese das Três Joias,
Com meu corpo, fala e mente, respeitosamente faço pedidos:
Peço, concede tuas bênçãos para amadurecer e libertar a mim
e aos outros,
E confere-nos as aquisições comuns e a suprema. (3x)

A OFERENDA TSOG

Abençoar a oferenda tsog

OM KHANDAROHI HUM HUM PHAT
OM SÖBHAWA SHUDDHA SARWA DHARMA SÖBHAWA SHUDDHO HAM
Tudo se torna vacuidade.

Do estado de vacuidade, do AH surge uma ampla e vasta cuia de crânio, dentro da qual as cinco carnes, os cinco néctares e as cinco excelsas sabedorias derretem e se fundem, e de onde surge um vasto oceano de néctar de excelsa sabedoria.
OM AH HUM HA HO HRIH (3x)

Contemple que isso se torna um inesgotável oceano de néctar de excelsa sabedoria.

Oferecer os néctares medicinais

Ofereço esse néctar supremo,
Que, incomparavelmente, transcende os objetos vulgares;
O supremo compromisso de todos os Conquistadores
E o fundamento de todas as aquisições.

Que tu te deleites com o grande êxtase
Da insuperável bodhichitta,
Purificada de todas as máculas das obstruções
E completamente livre de todas as concepções.

Fazer a oferenda tsog

HO Esse oceano de oferenda tsog de incontaminado néctar,
Abençoado por concentração, mantra e mudra,
Ofereço para agradar a assembleia de Guru-raiz e Gurus-linhagem
OM AH HUM
Deleitados pelo desfrute desses magníficos objetos de desejo,
EH MA HO
Por favor, concedei uma grande chuva de bênçãos.

HO Esse oceano de oferenda tsog de incontaminado néctar,
Abençoado por concentração, mantra e mudra,
Ofereço para agradar a divina assembleia de Poderosas Dakinis.
OM AH HUM
Deleitadas pelo desfrute desses magníficos objetos de desejo,
EH MA HO
Por favor, concedei a aquisição Dakini.

HO Esse oceano de oferenda tsog de incontaminado néctar,
Abençoado por concentração, mantra e mudra,
Ofereço para agradar a divina assembleia de Yidams e seus séquitos.
OM AH HUM
Deleitados pelo desfrute desses magníficos objetos de desejo,
EH MA HO
Por favor, concedei uma grande chuva de aquisições.

HO Esse oceano de oferenda tsog de incontaminado néctar,
Abençoado por concentração, mantra e mudra,
Ofereço para agradar a assembleia das Três Joias Preciosas.
OM AH HUM
Deleitadas pelo desfrute desses magníficos objetos de desejo,
EH MA HO
Por favor, concedei uma grande chuva de Dharmas sagrados.

HO Esse oceano de oferenda tsog de incontaminado néctar,
Abençoado por concentração, mantra e mudra,
Ofereço para agradar a assembleia de Dakinis e Protetores do Dharma.
OM AH HUM
Deleitados pelo desfrute desses magníficos objetos de desejo,
EH MA HO
Por favor, concedei uma grande chuva de feitos virtuosos.

HO Esse oceano de oferenda tsog de incontaminado néctar,
Abençoado por concentração, mantra e mudra,
Ofereço para agradar a assembleia dos seres sencientes-mães.

OM AH HUM
Deleitados pelo desfrute desses magníficos objetos de desejo,
EH MA HO
Que o sofrimento e a aparência equivocada sejam apaziguados.

Oferendas exteriores

OM VAJRA YOGINI SAPARIWARA AHRGHAM, PADÄM, PUPE, DHUPE, ALOKE, GÄNDHE, NEWIDE, SHAPTA AH HUM

Oferenda interior

OM VAJRA YOGINI SAPARIWARA OM AH HUM

Os oito versos de louvor à Mãe

OM Prostro-me a Vajravarahi, a Mãe Abençoada HUM HUM PHAT
OM À Superior e poderosa Senhora do Saber, inconquistada pelos três reinos HUM HUM PHAT
OM A ti, que destróis todos os medos de espíritos maléficos com teu grande vajra HUM HUM PHAT
OM A ti, com olhos controladores, que permaneces como o assento-vajra inconquistado por outros HUM HUM PHAT
OM A ti, cuja feroz forma irada desseca Brahma HUM HUM PHAT
OM A ti, que aterrorizas e exterminas demônios, conquistando aqueles de outras direções HUM HUM PHAT
OM A ti, que conquistas todos os que nos tornam obtusos, rígidos e confusos HUM HUM PHAT
OM Curvo-me a Vajravarahi, a Grande Mãe, a consorte Dakini que satisfaz todos os desejos HUM HUM PHAT

Fazer a oferenda tsog ao Guia Espiritual Vajrayana

Detentor do Vajra, por favor, ouve-me:
Essa minha oferenda tsog especial,
Eu ofereço a ti, com uma mente de fé;
Por favor, compartilha conforme te aprouver.

EH MA, grande paz.
Essa vasta e ardente oferenda tsog queima as delusões
E, desse modo, traz grande êxtase.
AH HO Tudo é grande êxtase.
AH HO MAHA SUKHA HO

A esse respeito, todos os fenômenos são percebidos como puros –
Sobre isso, a assembleia não deve ter dúvidas.
Já que brâmanes, párias, porcos e cães
São uma única natureza, por favor, queira desfrutar.

O Dharma dos Sugatas é inestimável,
Livre das máculas do apego e assim por diante,
A renúncia ao apreendedor e ao apreendido;
Respeitosamente, prostro-me à talidade.
AH HO MAHA SUKHA HO

Canção da Rainha da Primavera

HUM A todos vós, Tathagatas,
Heróis, Ioguines,
Dakas e Dakinis,
A todos vós eu faço este pedido:
Ó Heruka, que te deleitas em grande êxtase,
Tu te envolves na União de espontâneo êxtase,
Acompanhando a Senhora inebriada de êxtase
E deleitando-te de acordo com os rituais.
AH LA LA, LA LA HO, AH I AH, AH RA LI HO
Que a assembleia de imaculadas Dakinis
Olhe com amorosa afeição e cumpra todos os feitos.

HUM A todos vós, Tathagatas,
Heróis, Ioguines,
Dakas e Dakinis,
A todos vós eu faço este pedido:
Com uma mente completamente desperta por grande êxtase
E um corpo numa dança de constante meneio,

Ofereço às hostes de Dakinis
O grande êxtase de desfrutar do lótus do mudra.
AH LA LA, LA LA HO, AH I AH, AH RA LI HO
Que a assembleia de imaculadas Dakinis
Olhe com amorosa afeição e cumpra todos os feitos.

HUM A todos vós, Tathagatas,
Heróis, Ioguines,
Dakas e Dakinis,
A todos vós eu faço este pedido:
Vós, que dançais de maneira linda e pacífica,
Ó Protetor, Pleno de Êxtase, e hostes de Dakinis,
Por favor, vinde à minha frente e concedei-me vossas bênçãos,
E conferi-me grande êxtase espontâneo.
AH LA LA, LA LA HO, AH I AH, AH RA LI HO
Que a assembleia de imaculadas Dakinis
Olhe com amorosa afeição e cumpra todos os feitos.

HUM A todos vós, Tathagatas,
Heróis, Ioguines,
Dakas e Dakinis,
A todos vós eu faço este pedido:
Vós, que tendes a característica da libertação de grande êxtase,
Não dizeis que, numa única vida, a libertação possa ser alcançada
Por meio de várias práticas ascéticas de abandono do grande êxtase,
Mas que o grande êxtase reside no centro do supremo lótus.
AH LA LA, LA LA HO, AH I AH, AH RA LI HO
Que a assembleia de imaculadas Dakinis
Olhe com amorosa afeição e cumpra todos os feitos.

HUM A todos vós, Tathagatas,
Heróis, Ioguines,
Dakas e Dakinis,
A todos vós eu faço este pedido:
Qual lótus nascido no centro de um pântano,

Este método, embora nascido do apego, é impoluto pelas falhas do apego.
Ó Suprema Dakini, pelo êxtase de teu lótus,
Por favor, traz rapidamente a libertação das amarras do samsara.
AH LA LA, LA LA HO, AH I AH, AH RA LI HO
Que a assembleia de imaculadas Dakinis
Olhe com amorosa afeição e cumpra todos os feitos.

HUM A todos vós, Tathagatas,
Heróis, Ioguines,
Dakas e Dakinis,
A todos vós eu faço este pedido:
Assim como a essência do mel, na fonte do mel,
É bebida por enxames de abelhas de todas as direções,
Do mesmo modo, por vosso amplo lótus com seis características,
Por favor, satisfazei-nos com o gosto do grande êxtase.
AH LA LA, LA LA HO, AH I AH, AH RA LI HO
Que a assembleia de imaculadas Dakinis
Olhe com amorosa afeição e cumpra todos os feitos.

Abençoar as oferendas para os espíritos

OM KHANDAROHI HUM HUM PHAT
OM SÖBHAWA SHUDDHA SARWA DHARMA SÖBHAWA SHUDDHO HAM
Tudo se torna vacuidade.

Do estado de vacuidade, do AH surge uma ampla e vasta cuia de crânio, dentro da qual as cinco carnes, os cinco néctares e as cinco excelsas sabedorias derretem e se fundem, e de onde surge um vasto oceano de néctar de excelsa sabedoria.
OM AH HUM HA HO HRIH (3x)

Oferenda para os espíritos propriamente dita

PHAIM
UTSIKTRA BALINGTA BHAKYÄSI SÖHA

HO Esse oceano de oferenda tsog remanescente de
incontaminado néctar,
Abençoado por concentração, mantra e mudra,
Ofereço para agradar a assembleia de guardiões sob jura.
OM AH HUM
Deleitados pelo desfrute desses magníficos objetos de desejo,
EH MA HO
Por favor, executai ações perfeitas para ajudar os praticantes.

Com o acompanhamento de música, sair com o que restou da oferenda tsog para os espíritos.

Que eu e os demais praticantes
Tenhamos boa saúde, vida longa, poder,
Glória, fama, fortuna
E extensos prazeres.
Por favor, concedei-me as aquisições
Das ações pacificadoras, crescentes, controladoras e iradas.
Vós, que estais comprometidos por juramento, por favor,
protegei-me,
E ajudai-me a realizar todas as aquisições.
Erradicai toda morte prematura, doenças,
Danos causados por espíritos e obstruções.
Eliminai sonhos ruins,
Maus presságios e más ações.

Que haja felicidade no mundo e os anos por vir sejam bons,
Que as colheitas aumentem e o Dharma floresça.
Que toda bondade e felicidade aconteçam
E todos os desejos sejam realizados.

Por força dessa farta doação,
Que eu me torne um Buda para o benefício dos seres vivos,
E que, por minha generosidade, liberte
Todos os que não foram libertados pelos Budas anteriores.

Cólofon: Esta sadhana, ou prece ritual, para obter as aquisições espirituais de Vajrayogini foi traduzida sob a compassiva orientação de Venerável Geshe Kelsang Gyatso Rinpoche. A estrofe dedicada a Venerável Geshe Kelsang Gyatso Rinpoche, em *Pedidos aos Gurus-linhagem*, foi escrita pelo glorioso Protetor do Dharma, Duldzin Dorje Shugden, e incluída na sadhana a pedido dos fiéis e devotados discípulos de Geshe Kelsang. A estrofe dedicada a Dorje Shugden, em *Oferecer a torma aos Protetores do Dharma em geral*, foi escrita por Venerável Geshe Kelsang Gyatso Rinpoche, e incluída na sadhana a pedido de seus fiéis e devotados discípulos.

Apêndice IV
Um Comentário Essencial aos Onze Iogas de Vajrayogini

OS IOGAS DE DORMIR, DE ACORDAR E DE EXPERIMENTAR NÉCTAR

VAJRAYOGINI É UMA Deidade iluminada feminina do Tantra Ioga Supremo e a manifestação da sabedoria de todos os Budas. Sua função é guiar todos os seres vivos à Terra Pura de Keajra, ou Terra Pura Dakini. As instruções de Vajrayogini foram ensinadas por Buda no *Tantra Raiz de Heruka*. O grande iogue Naropa recebeu essas instruções diretamente de Vajrayogini e as transmitiu para Pamtingpa, um dos seus discípulos-coração. Pamtingpa, então, transmitiu essas instruções para o tradutor tibetano Sherab Tseg, e de Sherab Tseg essas instruções foram transmitidas numa linhagem ininterrupta até Je Phabongkhapa e, então, para o muito Venerável Vajradhara Trijang Rinpoche, o detentor da linhagem. Foi desse grande mestre que eu, o autor deste livro, recebi estas preciosas instruções.

O Tantra Ioga Supremo pode ser dividido em Tantra-Pai e Tantra-Mãe. Os Tantras-Mãe revelam, principalmente, o treino na clara-luz, que é a causa principal para alcançar a mente sagrada de Buda; e os Tantras-Pai, como o *Tantra Guhyasamaja*, revelam principalmente o treino no corpo-ilusório, que é a causa principal para alcançar o corpo sagrado de Buda. Porque o Tantra de Vajrayogini é um Tantra-Mãe, o corpo principal da prática de Vajrayogini é o treino da clara-luz. Esse corpo principal tem onze membros, que são chamados "os onze iogas". Neste contexto, "ioga" significa treinar caminhos espirituais. Por exemplo, o treino de um caminho espiritual praticado durante o estado de dormir é chamado de "o ioga de dormir".

Quando os onze iogas são listados nas escrituras, o primeiro a ser mencionado é o ioga de dormir. Isso indica que devemos começar a prática de Vajrayogini pelo ioga de dormir. Como mencionado anteriormente, o corpo principal da prática de Vajrayogini é o treino da clara-luz. A clara-luz manifesta-se naturalmente durante o sono; por essa razão, temos a oportunidade para, durante o sono, treinar no seu reconhecimento. Quando reconhecermos e realizarmos diretamente a clara-luz, teremos alcançado a clara-luz-significativa, a realização da quarta etapa das cinco etapas do estágio de conclusão.

O que é a clara-luz? Ela é a mente muito sutil que se manifesta quando os ventos interiores entram, permanecem e se dissolvem dentro do canal central. A clara-luz é o oitavo sinal da dissolução dos ventos interiores dentro do canal central, e ela percebe vacuidade. Existem três tipos diferentes de clara-luz: (1) a clara-luz do sono, (2) a clara-luz da morte, e (3) a realização da clara-luz.

Durante o sono, nossa mente muito sutil se manifesta porque os nossos ventos interiores naturalmente entram e se dissolvem dentro do canal central. Essa mente muito sutil é a clara-luz do sono. Ela percebe vacuidade, mas não podemos reconhecer nem a clara-luz nem a vacuidade porque a nossa memória não consegue funcionar durante o sono. De modo semelhante, durante a nossa morte, nossa mente muito sutil se manifesta porque os nossos ventos interiores entram e se dissolvem dentro do canal central. Essa mente muito sutil é a clara-luz da morte. Ela percebe vacuidade, mas não podemos reconhecer a clara-luz ou a vacuidade porque a nossa memória não consegue funcionar durante a morte.

Se, quando estamos acordados, formos capazes de fazer com que nossos ventos interiores entrem, permaneçam e se dissolvam dentro do canal central pelo poder da meditação, experienciaremos uma profunda dissolução dos nossos ventos interiores dentro do canal central e, por meio disso, nossa mente muito sutil irá se manifestar. Essa mente muito sutil é a realização da clara-luz. Sua natureza é um êxtase que surge do derretimento das gotas dentro do canal central, e sua função é impedir a aparência equivocada. Ela é também a realização da clara-luz de êxtase, que é a verdadeira essência do Tantra Ioga Supremo e o verdadeiro caminho rápido para a iluminação.

Concluindo, o corpo principal da prática de Vajrayogini é treinar a clara-luz de êxtase. Ele pode ser dividido em dois: (1) treinar o êxtase; e (2) treinar a clara-luz. Antes de treinarmos o êxtase, precisamos saber o que ele é. Esse êxtase não é o êxtase sexual; não precisamos treinar o êxtase sexual, já que qualquer um, até mesmo um animal, pode experienciá-lo sem treino. O êxtase que estamos treinando é o êxtase que Buda explicou no Tantra Ioga Supremo. Ele é chamado "grande êxtase" e possui duas características especiais: (1) sua natureza é um êxtase que surge do derretimento das gotas dentro do canal central; e (2) sua função é impedir a aparência equivocada sutil. Os seres comuns não podem experienciar um êxtase como esse. Como foi mencionado anteriormente, o êxtase sexual dos seres comuns surge do derretimento das gotas dentro do canal esquerdo, e não no canal central.

No *Tantra-Raiz Condensado de Heruka*, Buda diz:

> O supremo segredo do grande êxtase
> Surge pelo derretimento das gotas dentro do canal central;
> Assim, é difícil encontrar no mundo
> Uma pessoa que experiencie um êxtase como este.

Um grande êxtase como esse é experienciado somente por quem for capaz de fazer com que os seus ventos interiores entrem, permaneçam e se dissolvam dentro do canal central pelo poder da meditação. Porque o grande êxtase impede a aparência equivocada sutil, quando experienciamos esse êxtase nossa ignorância do agarramento ao em-si e todos os pensamentos conceituais distrativos cessam, e experienciamos uma profunda paz interior que é superior à suprema paz interior do nirvana, explicada por Buda nos ensinamentos de Sutra.

COMO PRATICAR O IOGA DE DORMIR

Todas as noites, quando formos dormir, devemos pensar:

Para beneficiar todos os seres vivos,
Vou me tornar o Buda iluminado Vajrayogini.
Com esse propósito, vou alcançar a realização da clara-luz de êxtase.

Então, lembramos que o nosso corpo, o nosso *self* e todos os fenômenos que normalmente percebemos não existem. Tentamos perceber a mera ausência de todos os fenômenos que normalmente vemos, a vacuidade de todos os fenômenos, e meditamos nessa vacuidade. Então, pensamos e imaginamos:

No vasto espaço da vacuidade de todos os fenômenos – a Terra Pura de Keajra – apareço como Vajrayogini, rodeada pelas Heroínas e Heróis iluminados. Embora eu tenha essa aparência, ela não é nada além que a vacuidade de todos os fenômenos.

Meditamos nessa autogeração.

Devemos treinar essa profunda meditação de autogeração enquanto dormimos, mas não durante o sono profundo. Treinando essa prática todas as noites com esforço contínuo, nossa memória gradualmente será capaz de funcionar durante o sono. Por causa disso, quando nossa mente muito sutil se manifestar durante o sono, seremos capazes de reconhecê-la ou de realizá-la. Com mais treinamento, realizaremos diretamente nossa mente muito sutil. Quando isso acontecer, nossa mente irá se misturar com a vacuidade de todos os fenômenos, como água misturando-se com água. Por causa disso, nossa aparência equivocada sutil cessará rápida e permanentemente e iremos nos tornar um ser iluminado, um Buda. Como Buda disse: "Se realizares tua própria mente, irás te tornar um Buda; não precisas buscar a Budeidade em nenhum outro lugar". Nosso sono, com relação a essa realização, possui imenso significado.

COMO PRATICAR O IOGA DE ACORDAR

Devemos tentar praticar o ioga de dormir ao longo de toda a noite, e durante o dia devemos tentar praticar o ioga de acordar. Todos os dias, de manhã cedo, devemos primeiro meditar na mera ausência de todos os fenômenos que normalmente vemos ou percebemos, a vacuidade de todos os fenômenos. Então, pensamos e imaginamos:

No vasto espaço da vacuidade de todos os fenômenos – a Terra Pura de Keajra – apareço como Vajrayogini, rodeada pelas Heroínas e Heróis iluminados. Embora eu tenha essa aparência, ela não é outra senão a vacuidade de todos os fenômenos.

Meditamos nessa autogeração.

Devemos repetir esta prática de meditação muitas e muitas vezes, durante todo o dia. Esse é o ioga de acordar. Então, à noite, praticamos novamente o ioga de dormir. Praticando continuamente o ciclo dos iogas de dormir e de acordar, nossas aparências e concepções comuns, que são a raiz do nosso sofrimento, irão cessar.

COMO PRATICAR O IOGA DE EXPERIMENTAR NÉCTAR

Sempre que comermos ou bebermos, devemos, em primeiro lugar, compreender e pensar:

Para os seres iluminados, toda comida ou bebida são néctares supremos, que possuem três qualidades especiais: (1) é um néctar-medicinal que cura doenças; (2) é um néctar-vital que impede a morte; e (3) é um néctar-sabedoria que pacifica as delusões.

Com esse reconhecimento, sempre que comermos ou bebermos devemos oferecer o nosso prazer em desfrutar esses objetos de desejo a nós mesmos: Vajrayogini *autogerada*. Praticando desse modo, podemos transformar nossas experiências diárias de comer e beber num caminho espiritual que acumula uma grande coleção de mérito, ou boa fortuna. Do mesmo modo, sempre que desfrutarmos da visão de formas atraentes ou coisas belas, da audição de belos sons como músicas ou canções, do aroma de perfumes e do toque de objetos táteis, devemos oferecer o nosso prazer em desfrutar desses objetos de desejo a nós mesmos: Vajrayogini autogerada. Desse modo, podemos transformar todas as nossas experiências diárias dos objetos de desejo num caminho espiritual que nos conduzirá à conquista do estado iluminado de Vajrayogini.

Em resumo, devemos reconhecer que, no vasto espaço da vacuidade de todos os fenômenos (a Terra Pura de Keajra), encontra-se Vajrayogini (nós mesmos) rodeada pelas Heroínas e Heróis iluminados. Devemos manter esse reconhecimento durante todo o dia e toda a noite, exceto quando estivermos concentrados nos caminhos comuns, como buscar refúgio, treinar renúncia e bodhichitta, e práticas de purificação.

Esse modo de praticar os iogas de dormir, acordar e experimentar néctar é simples, porém muito profundo. Existem outra maneiras de praticar esses iogas, e uma explicação sobre elas pode ser encontrada em *Novo Guia à Terra Dakini*.

OS OITO IOGAS REMANESCENTES

Os oito iogas remanescentes, desde o ioga das incomensuráveis até o ioga das ações diárias, devem ser praticados juntamente com a sadhana *Caminho Rápido ao Grande Êxtase*, elaborada por Je Phabongkhapa (ver Apêndice III). Essa sadhana é muito abençoada e preciosa. Uma exposição detalhada sobre como praticar cada ioga pode ser encontrada em *Novo Guia à Terra Dakini*, e o que se segue é apenas uma breve explicação de sua essência.

O IOGA DAS INCOMENSURÁVEIS

Buscar refúgio, gerar bodhichitta e a meditação e recitação de Vajrasattva são chamados de "o ioga das incomensuráveis" porque são treinos em caminhos espirituais que nos trazem incomensurável benefício nesta vida e nas incontáveis vidas futuras.

A meditação e recitação de Vajrasattva nos proporciona a grande oportunidade de purificar rapidamente a nossa mente, de modo que possamos alcançar mais rapidamente a iluminação. Como foi mencionado anteriormente, alcançar a iluminação é muito simples; tudo o que precisamos fazer é aplicar esforço para purificar a nossa mente.

O IOGA DO GURU

Nesta prática do Guru-Ioga, para receber as bênçãos da fala de todos os Budas visualizamos nosso Guru-raiz sob o aspecto de Buda Vajradharma. Vajradharma, Vajradhara, Vajrasattva e Heruka são aspectos diferentes de um único ser iluminado. A função de Buda Vajradharma é conceder as bênçãos da fala de todos os Budas. Por receber essas bênçãos, a nossa fala irá se tornar muito poderosa sempre que explicarmos instruções de Dharma. Desse modo, poderemos satisfazer os desejos de incontáveis seres vivos e purificar, ou curar, seu continuum mental por meio do néctar da nossa fala.

Este Guru-Ioga contém uma prática denominada "oferenda *kusali tsog*", que tem a mesma função da prática "*chod*", ou prática de "cortar". Ele também contém uma prática de receber as bênçãos das quatro iniciações, que nos dará grande confiança em alcançar as realizações dos estágios de geração e de conclusão.

O IOGA DA AUTOGERAÇÃO

Este ioga inclui as práticas de trazer a morte, o estado intermediário (*bardo*) e o renascimento para os caminhos do Corpo-Verdade, do Corpo-de-Deleite e do Corpo-Emanação.

Nesta prática, o mandala sustentador é visualizado sob o aspecto de um duplo tetraedro, que simboliza a vacuidade de todos os fenômenos; e as Deidades sustentadas são a Vajrayogini imaginada (nós próprios) e o nosso séquito de Heroínas.

O IOGA DE PURIFICAR OS MIGRANTES

Nesta prática, após gerarmo-nos como o Buda iluminado Vajrayogini, imaginamos então que concedemos bênçãos que libertam todos os seres vivos do sofrimento e das negatividades e os transformam no estado de Vajrayogini – o estado de felicidade suprema. Essa é uma prática especial de tomar e dar de acordo com o Tantra Ioga Supremo. Ela faz com que o nosso potencial de beneficiar diretamente todos e cada ser vivo amadureça, e também cumpre o compromisso que fizemos quando recebemos a iniciação do Tantra Ioga Supremo, na qual prometemos beneficiar todos os seres vivos.

O IOGA DE SER ABENÇOADO POR HERÓIS E HEROÍNAS

Nesta prática, por meio da meditação no mandala de corpo de Vajrayogini, nossos canais e gotas receberão diretamente as poderosas bênçãos das 37 Heroínas (as Deidades iluminadas femininas do mandala de corpo de Vajrayogini) e, indiretamente, as poderosas bênçãos de seus consortes, os Heróis. Ao convidar todas as Heroínas e Heróis (Deidades iluminadas femininas e masculinas) das dez direções sob o aspecto de Vajrayogini e dissolvê-las em nós, receberemos também as bênçãos de todas as Heroínas e Heróis.

A meditação no mandala de corpo de Vajrayogini é muito profunda. Embora seja uma prática do estágio de geração, ela faz com que os ventos interiores entrem, permaneçam e se dissolvam dentro do canal central. Je Phabongkhapa louvou em alto grau a prática do mandala de corpo de Vajrayogini.

O IOGA DA RECITAÇÃO VERBAL E MENTAL

Concentrando-nos na recitação verbal do mantra de Vajrayogini (o "mantra tri-OM"), podemos obter as aquisições pacificadoras, crescentes, controladoras, iradas e a suprema, mencionadas na seção *Treinar a Recitação do Mantra*, que faz parte do capítulo *A Prática do Mandala de Corpo de Heruka* no livro *Budismo Moderno*. A prática da recitação mental apresenta duas meditações do estágio de conclusão, ambas as quais constituem a verdadeira essência da prática de Vajrayogini. Essas duas meditações estão claramente explicadas em *Novo Guia à Terra Dakini*.

O IOGA DA INCONCEPTIBILIDADE

Como está descrito na sadhana *Caminho Rápido ao Grande Êxtase* (ver Apêndice III), imaginamos que, após termos dissolvido tudo na vacuidade, desde o reino da sem-forma até o *nada*, experienciamos a clara-luz de êxtase e, com essa experiência, meditamos na vacuidade de todos os fenômenos – a mera ausência de todos os fenômenos que normalmente percebemos. Essa meditação é o treino na clara-luz de êxtase, o corpo principal da prática de Vajrayogini. Praticando continuamente essa meditação, experienciaremos gradualmente a clara-luz-significativa – a união de grande êxtase e vacuidade – que é a verdadeira inconceptibilidade. Neste contexto, "inconceptibilidade" significa que ela não pode ser experienciada por aqueles que não alcançaram a clara--luz-significativa.

O IOGA DAS AÇÕES DIÁRIAS

O ioga das ações diárias é um método para transformar todas as nossas ações diárias, como comer, dormir, trabalhar e conversar, em caminhos espirituais profundos e, assim, extrair grande significado de cada momento da nossa vida.

Apêndice V
Caminho de Êxtase

A SADHANA CONDENSADA
DE AUTOGERAÇÃO DE VAJRAYOGINI

Compilada por
Venerável Geshe Kelsang Gyatso Rinpoche

Aqueles que desejam treinar a autogeração de Vajrayogini como uma prática diária, mas não têm tempo ou habilidade suficientes para praticar tanto a sadhana extensa quanto a mediana, podem realizar seu propósito praticando, com forte fé, esta breve sadhana. No entanto, toda vez que nos empenharmos na recitação, contemplação e meditação desta sadhana, Caminho de Êxtase, *devemos estar totalmente livres de distrações. Com distrações, não conseguimos realizar nada.*

A SADHANA PROPRIAMENTE DITA

AS QUATRO PRÁTICAS PREPARATÓRIAS

Visualizar os objetos de refúgio, a porta de entrada pela qual desenvolvemos e aumentamos a fé budista

Fé em Buda, Dharma e Sangha é fé budista em geral, e, nesta prática de Vajrayogini, fé em Guru Vajradharma Heruka Pai e Mãe é fé budista em particular. Guru Vajradharma Heruka Pai e Mãe não são pessoas diferentes, mas uma mesma pessoa com aspectos diferentes. Empenhamo-nos nessa prática, seguindo a contemplação apresentada na sadhana:

No espaço a minha frente, aparece meu Guru-raiz sob o aspecto de Buda Vajradharma, a manifestação da fala de todos os Budas, com Heruka Pai e Mãe em seu coração, rodeado pela assembleia de Gurus-linhagem; Yidams – as Deidades iluminadas; as Três Joias Preciosas – Buda, Dharma e Sangha, os praticantes espirituais puros; e Protetores do Dharma.

Meditamos, com forte fé, nessa magnífica assembleia de seres sagrados iluminados. Por visualizar nosso Guru-raiz dessa maneira, receberemos as bênçãos especiais da fala de todos os Budas. Por meio disso, podemos alcançar rapidamente as realizações de fala – as realizações das instruções de Dharma de Sutra e de Tantra. Somente pelas realizações de Dharma podemos cessar nossos problemas samsáricos, em geral, e nossos problemas humanos, em particular.

Treinar em buscar refúgio, a porta de entrada pela qual ingressamos no Budismo

Nessa prática, com o objetivo de libertar, permanentemente, a nós mesmos e a todos os seres vivos do sofrimento, fazemos a promessa, do fundo de nosso coração, de buscar refúgio na assembleia de Gurus, Budas, Dharma e Sangha, os praticantes espirituais puros, por toda a nossa vida. Essa promessa é o voto de refúgio, que abre a porta à libertação, a suprema paz mental permanente, conhecida como "nirvana". Empenhamo-nos nessa prática, seguindo a contemplação apresentada na sadhana:

Eu e todos os seres sencientes, os migrantes tão extensos quanto o espaço, doravante, até alcançarmos a iluminação,
Buscamos refúgio nos Gurus, os supremos Guias Espirituais,
Buscamos refúgio nos Budas, os seres plenamente iluminados,
Buscamos refúgio no Dharma, os preciosos ensinamentos de Buda,
Buscamos refúgio na Sangha, os praticantes espirituais puros.
(3x)

Como compromissos do nosso voto de refúgio, devemos aplicar esforço para receber as bênçãos de Buda, para colocar o Dharma em prática e para receber ajuda da Sangha, os praticantes espirituais puros. Praticantes espirituais puros nos conduzem ao caminho espiritual ao demonstrar um bom exemplo para seguir e, por essa razão, são objetos de refúgio.

Gerar o supremo bom coração, bodhichitta, a porta de entrada pela qual ingressamos no caminho à grande iluminação

Nessa prática, para alcançar a iluminação a fim de beneficiar todos e cada um dos seres vivos todos os dias, fazemos a promessa, do fundo de nosso coração, de praticar as etapas do caminho de Vajrayogini, o que significa praticar as etapas dos caminhos do estágio de geração e do estágio de conclusão de Vajrayogini. Essa promessa é o nosso voto bodhisattva, que abre a porta ao caminho rápido à grande iluminação. Empenhamo-nos nessa prática, seguindo a contemplação apresentada na sadhana:

Uma vez que eu tenha alcançado o estado da completa iluminação, a Budeidade, libertarei todos os seres sencientes do oceano de sofrimento do samsara e os levarei ao êxtase da plena iluminação. Com esse propósito, vou praticar as etapas do caminho de Vajrayogini. (3x)

Como compromissos do nosso voto bodhisattva, devemos aplicar esforço para praticar as seis perfeições: dar, disciplina moral, paciência, esforço, concentração e sabedoria. Uma explicação detalhada sobre essas práticas pode ser encontrada no livro Budismo Moderno.

Receber bênçãos, a porta de entrada pela qual podemos obter o corpo, a fala e a mente iluminados, por purificarmos a aparência comum de nosso corpo, fala e mente

Nessa prática, devemos, primeiro, fazer a oferenda breve de mandala:

O chão espargido com perfume e salpicado de flores,
A Grande Montanha, quatro continentes, sol e lua,
Percebidos como Terra de Buda e assim oferecidos,
Que todos os seres desfrutem dessas Terras Puras.

IDAM GURU RATNA MANDALAKAM NIRYATAYAMI

Fazemos, então, o seguinte pedido três vezes:

Eu me prostro e busco refúgio nos Gurus e nas Três Joias Preciosas.
Por favor, abençoai meu continuum mental. (3x)

Em seguida, empenhamo-nos na prática propriamente dita, seguindo a contemplação apresentada na sadhana:

Por ter feito pedidos dessa maneira, a magnífica assembleia de seres sagrados iluminados a minha frente se converte em raios de luz branca, vermelha e azul escura. Os raios de luz branca são da natureza dos corpos de todos os Budas, os raios de luz vermelha são da natureza da fala de todos os Budas, e os raios de luz azul são da natureza da mente de todos os Budas. Todos esses raios de luz se dissolvem em mim e recebo as bênçãos especiais do corpo, fala e mente de todos os Budas. A aparência comum de meu corpo, fala e mente é purificada, e meu corpo, fala e mente residente-contínuos transformam-se no corpo, fala e mente iluminados.

Meditamos nessa crença com concentração estritamente focada. Nossa percepção de nosso corpo, fala e mente que normalmente vemos é a aparência comum de nosso corpo, fala e mente.

A PRÁTICA DE AUTOGERAÇÃO PROPRIAMENTE DITA

Trazer a morte para o caminho do Corpo-Verdade, o corpo muito sutil de Buda

Nessa prática transformamos, por meio de imaginação correta, nossa clara-luz da morte no caminho espiritual da união de grande êxtase e vacuidade. Empenhamo-nos nessa prática, seguindo a contemplação apresentada na sadhana:

O mundo inteiro e seus habitantes se convertem em luz e se dissolvem em meu corpo. Meu corpo também se desfaz em luz e, lentamente, diminui de tamanho até, por fim, se dissolver na vacuidade, a mera ausência de todos os fenômenos que normalmente vejo. Isso se assemelha à maneira como todas as aparências desta vida se dissolvem no momento da morte. Eu experiencio a clara-luz da morte, que é da natureza de êxtase. Eu não percebo nada além que vacuidade. A minha mente, a clara-luz da morte, torna-se a união de grande êxtase e vacuidade.

Meditamos nessa crença, totalmente livres de distrações. Ao final da meditação, pensamos:

Eu sou o Corpo-Verdade Vajrayogini.

A clara-luz da morte é a mente muito sutil que se manifesta no momento da morte. Embora essa contemplação e meditação sejam imaginadas, sua natureza é sabedoria e têm um significado inconcebível. Por praticarmos essa contemplação e meditação continuamente e com sinceridade, iremos ganhar profunda familiaridade de transformar, por meio de imaginação, nossa clara-luz da morte na união de grande êxtase e vacuidade. Quando, no futuro, experienciarmos de fato o processo da morte, seremos capazes de reconhecer nosssa clara-luz da morte e de transformá-la na união de grande êxtase e vacuidade. Essa transformação é a realização da clara-luz-exemplo última, que irá nos proporcionar, diretamente, a aquisição do corpo-ilusório, um corpo imortal. A partir desse momento, teremos nos tornado uma pessoa imortal e experienciaremos nosso mundo como a Terra Pura de Keajra, e a nós mesmos como Vajrayogini. Teremos, então, realizado nosso objetivo. Vajrayogini imputada, ou designada, ao Corpo-Verdade de Buda é o Corpo-Verdade Vajrayogini, Vajrayogini definitiva.

Trazer o estado intermediário para o caminho do Corpo-de-Deleite, o Corpo-Forma sutil de Buda

O estado entre esta vida e o próximo renascimento é o estado intermediário. Os seres que estão nesse estado são os seres do estado intermediário, também chamados de "seres-do-bardo". Nessa prática, transformamos a experiência de um ser do estado intermediário na experiência do Corpo-de-Deleite Vajrayogini. Vajrayogini imputada, ou designada, ao Corpo-Forma sutil de Buda é o Corpo-de-Deleite Vajrayogini. Empenhamo-nos nessa prática, seguindo a contemplação apresentada na sadhana:

Mantendo a experiência de que minha mente de clara-luz da morte se transformou na união de grande êxtase e vacuidade, eu me transformo instantaneamente – a partir da vacuidade do Corpo-Verdade, o Dharmakaya – no Corpo-de-Deleite Vajrayogini sob a forma de uma bola de luz vermelha, cuja natureza é grande êxtase inseparável da vacuidade. Isso se assemelha à maneira como o corpo de um ser do estado intermediário surge da clara-luz da morte. Eu sou o Corpo-de-Deleite Vajrayogini.

Permanecemos com concentração estritamente focada, pelo maior tempo possível, na experiência de nós mesmos como o Corpo-de-Deleite Vajrayogini.

Trazer o renascimento para o caminho do Corpo-Emanação, o Corpo-Forma denso de Buda

Nessa prática, transformamos nossa experiência de tomar um renascimento no samsara como um ser comum na experiência de tomar renascimento na Terra Pura de Keajra como o Corpo--Emanação Vajrayogini. Vajrayogini imputada, ou designada, ao Corpo-Forma denso de Buda é o Corpo-Emanação Vajrayogini. Empenhamo-nos nessa prática, seguindo a contemplação apresentada na sadhana:

No vasto espaço da vacuidade de todos os fenômenos, a natureza da minha aparência equivocada de todos os fenômenos purificada – que é a Terra Pura de Keajra –, eu apareço como Vajrayogini, a manifestação da sabedoria da clara-luz de todos os Budas. Eu tenho um corpo vermelho feito de luz, com uma face e duas mãos, e assumo a forma de uma jovem de dezesseis anos, na flor de minha juventude. Embora eu tenha essa aparência, ela não é algo além que a vacuidade de todos os fenômenos. Eu sou o Corpo--Emanação Vajrayogini.

Meditamos nessa autogeração pelo maior tempo possível, com o reconhecimento de que a aparência de nós mesmos como Vajrayogini em nossa Terra Pura de Keajra e a vacuidade de todos os fenômenos são uma única entidade, e não duas. Nossa meditação na autogeração tem o poder de reduzir e cessar nosso agarramento ao em-si. Nessa prática, devemos aperfeiçoar nossa experiência de treinar em orgulho divino e de treinar em clara aparência pela contemplação e meditação contínuas das instruções sobre esses treinos, apresentadas no livro Novo Guia à Terra Dakini.

Devemos saber que as quatro práticas preparatórias são como as quatro rodas de um veículo, e que a prática de autogeração propriamente dita é como o próprio veículo. Isso mostra que tanto as práticas preparatórias quanto a prática propriamente dita são igualmente importantes para a realização de nossa meta última.

Neste ponto, podemos treinar a meditação especial no fogo interior, ou tummo. Uma explicação clara e detalhada sobre como fazer essa meditação pode ser encontrada no livro Novo Guia à Terra Dakini.

Recitar o mantra

Em meu coração está o ser-de-sabedoria Vajrayogini – Vajrayogini definitiva – a síntese do corpo, fala e mente de todos os Budas.

Ó meu Guru-Deidade Vajrayogini,
Por favor, concede a mim e a todos os seres sencientes
As aquisições do corpo, fala e mente iluminados.
Por favor, pacifica nossos obstáculos exteriores, interiores e secretos.
Por favor, estabelece dentro de nós o fundamento básico para todas essas aquisições.

Com este pedido, recitamos o mantra tri-OM, pelo menos, o número de vezes que tenhamos prometido.

OM OM OM SARWA BUDDHA DAKINIYE VAJRA WARNANIYE VAJRA BEROTZANIYE HUM HUM HUM PHAT PHAT PHAT SÖHA

Obstáculos exteriores são danos recebidos de humanos e não-humanos, assim como de objetos inanimados – como fogo, água e assim por diante; obstáculos interiores são nossas delusões – como raiva, apego e ignorância; e o obstáculo secreto é a nossa aparência equivocada sutil de todos os fenômenos. Nossa percepção de todos os fenômenos que normalmente vemos é a nossa aparência equivocada sutil de todos os fenômenos.

Neste ponto, se desejarmos, podemos fazer uma oferenda tsog. A prece ritual para fazer a oferenda tsog pode ser encontrada neste livro (páginas 203–209).

Dedicatória

Pelas virtudes que acumulei por praticar essas instruções,
Que eu receba o cuidado especial da Venerável Vajrayogini e de suas Dakinis emanadas

E, por receber suas poderosas bênçãos sobre meu corpo, fala e mente muito sutis,
Que eu alcance, rapidamente, a iluminação para libertar todos os seres vivos.

Preces pela Tradição Virtuosa

Para que a tradição de Je Tsongkhapa,
O Rei do Dharma, floresça,
Que todos os obstáculos sejam pacificados
E todas as condições favoráveis sejam abundantes.

Pelas duas coleções, minhas e dos outros,
Reunidas ao longo dos três tempos,
Que a doutrina do Conquistador Losang Dragpa
Floresça para sempre.

Prece *Migtsema* de nove versos

Tsongkhapa, ornamento-coroa dos eruditos da Terra das Neves,
Tu és Buda Shakyamuni e Vajradhara, a fonte de todas as conquistas,
Avalokiteshvara, o tesouro de inobservável compaixão,
Manjushri, a suprema sabedoria imaculada,
E Vajrapani, o destruidor das hostes de maras.
Ó Venerável Guru Buda, síntese das Três Joias,
Com meu corpo, fala e mente, respeitosamente faço pedidos.
Peço, concede tuas bênçãos para amadurecer e libertar a mim e aos outros,
E confere-nos as aquisições comuns e a suprema. (3x)

Cólofon: *Esta sadhana, ou prece ritual, para obter as aquisições espirituais de Vajrayogini foi compilada por Venerável Geshe Kelsang Gyatso Rinpoche a partir de fontes tradicionais. 2012 (e revisada em 2013).*

Apêndice VI

O Ioga Incomum da Inconceptibilidade

A INSTRUÇÃO ESPECIAL SOBRE
COMO ALCANÇAR A TERRA PURA DE KEAJRA
COM ESTE CORPO HUMANO

Compilada por

Venerável Geshe Kelsang Gyatso Rinpoche

Introdução

Esta sadhana, ou prece ritual, para alcançar a Terra Pura de Keajra está fundamentada na sadhana escrita por Je Phabongkhapa. Apresento-a de um modo simples para torná-la fácil de ser compreendida e praticada.

A instrução tem duas etapas:

1. As práticas preparatórias;
2. A prática propriamente dita do ioga incomum da inconceptibilidade.

Frequentemente, as práticas preparatórias parecem ser mais difíceis do que a prática propriamente dita. Isso é muito comum. Por exemplo, cozinhar é mais difícil que comer, e preparar uma festa é mais difícil do que a festa propriamente dita!

Esta prática de ioga incomum é superior à prática de *powa*, a prática de transferência de consciência para uma Terra Pura. Para que esta prática profunda seja efetiva, devemos receber, de um Guia Espiritual qualificado, a iniciação do mandala de corpo de Heruka e a iniciação de Vajrayogini, assim como a instrução especial sobre o ioga incomum da inconceptibilidade. Em seguida, precisamos aplicar esforço para praticar essa instrução continuamente, pensando: "Com esforço, posso realizar qualquer coisa". Desse modo, nós nos conduziremos ao estado de Heruka Pai e Mãe.

Geshe Kelsang Gyatso
10 de janeiro de 2012
Dia de Vajrayogini

O Ioga Incomum da Inconceptibilidade

AS PRÁTICAS PREPARATÓRIAS

Buscar refúgio

Eu e todos os seres sencientes, os migrantes tão extensos quanto o espaço, doravante, até alcançarmos a essência da iluminação,
Buscamos refúgio nos gloriosos, sagrados Gurus,
Buscamos refúgio nos perfeitos Budas, os Abençoados,
Buscamos refúgio nos Dharmas sagrados,
Buscamos refúgio nas Sanghas superiores. (3x)

Gerar a bodhichitta

Uma vez que eu tenha alcançado o estado da completa iluminação, a Budeidade, libertarei todos os seres sencientes do oceano de sofrimento do samsara e os levarei ao êxtase da plena iluminação. Com esse propósito, vou praticar as etapas do caminho de Vajrayogini. (3x)

Gerar uma motivação especial

Não há garantia de que não morrerei hoje. A morte destrói minha preciosa oportunidade de alcançar a meta suprema da iluminação e de beneficiar todos os seres vivos. Portanto, preciso transformar meu corpo em um corpo imortal por meio de alcançar a Terra Dakini, a Terra Pura de Keajra.

Meditamos nessa determinação por um breve período.

Purificar a aparência comum de nós mesmos

Quando procuro por meu *self* com sabedoria, em vez de encontrar meu *self*, eu desapareço. Isso é uma indicação clara de que meu *self* que normalmente vejo não existe de modo algum.

Meditamos sobre a mera ausência do nosso self que normalmente vemos.

Gerarmo-nos como a Vajrayogini exterior

No vasto espaço da vacuidade, apareço como a Venerável Vajrayogini, com as características habituais, mas sem a fonte fenômenos e a almofada. Tenho um corpo vermelho feito de luz e assumo a forma de uma jovem de dezesseis anos, na flor da minha juventude.

Meditamos nessa crença.

Visualizar os canais

Bem no centro de meu corpo, que é da natureza da luz, está o meu canal central. Ele é fino como um fio de linha e é reto, vermelho-oleoso, claro e transparente. A ponta inferior do canal central fica na altura de meu umbigo, de onde ele sobe em linha reta, até que sua parte superior toque a coroa de minha cabeça. De cada lado do canal central, sem nenhum espaço entre eles, estão os canais direito e esquerdo. O canal direito é vermelho e o esquerdo é branco. O canal direito começa na ponta de minha narina direita e o canal esquerdo, na ponta de minha narina esquerda. Dali, ambos sobem, formando um arco, até a coroa de minha cabeça e, da coroa, descem até dois centímetros e meio abaixo de meu umbigo, com suas pontas viradas para cima.

Gerar nossa mente-Vajrayogini

Em meu umbigo, entre a ponta inferior do canal central e as pontas inferiores dos canais direito e esquerdo, que estão voltadas para cima, há um pequeno espaço vazio. Nesse lugar está minha mente, na forma de Vajrayogini, tão pequena quanto o tamanho de um polegar, com suas características habituais, mas sem a fonte fenômenos e a almofada. Suas duas pernas estão estendidas, e ela encontra-se de pé sobre as pontas inferiores dos canais direito e esquerdo, que estão voltadas para cima, e sua coroa toca a ponta inferior do canal central. Essa Vajrayogini interior é a minha mente. Eu sou minha mente-Vajrayogini.

Meditamos nessa crença.

Purificar e transformar o mundo e os seres

Do coração da minha mente-Vajrayogini, localizada no umbigo, irradiam-se incomensuráveis raios de luz de cinco cores, da natureza das cinco sabedorias oniscientes. Eles purificam o mundo inteiro e todos os seres que nele habitam. O mundo transforma-se na Terra Pura de Keajra, e todos os seres transformam-se em Vajrayogini. Todos eles dissolvem-se em luz e transformam-se numa única bola de luz. Essa bola de luz dissolve-se no coração da minha mente-Vajrayogini em meu umbigo.

Neste ponto, devemos praticar a seguinte meditação. Inspiramos suavemente e imaginamos que todos os ventos da parte superior do nosso corpo reúnem-se, fluem para baixo e alcançam o ponto logo acima da nossa mente-Vajrayogini em nosso umbigo. Então, contraímos ligeiramente os músculos da parte inferior do nosso corpo e deslocamos todos os ventos inferiores para cima. Eles sobem e alcançam o ponto logo abaixo da nossa mente-Vajrayogini, em nosso umbigo. Ambos os ventos superiores e inferiores do nosso corpo estão, agora, unidos e sendo mantidos em nosso umbigo. Isso é denominado "respiração-vaso" porque o formato da união dos ventos superiores e inferiores é semelhante ao formato de um vaso. Enquanto sustentamos a respiração-vaso em nosso umbigo prendendo o ar, concentramo-nos em nossa mente-Vajrayogini e pensamos fortemente: "eu sou minha mente-Vajrayogini". Meditamos nessa crença. Logo antes de começarmos a sentir desconforto, exalamos devagar e suavemente pelas narinas. Sustentar a respiração-vaso prendendo a respiração nos ajuda a impedir distrações e torna nossa concentração clara. No começo, seremos incapazes de prender nossa respiração por muito tempo; por essa razão, precisamos repetir essa prática muitas e muitas vezes.

A PRÁTICA PROPRIAMENTE DITA DO IOGA INCOMUM DA INCONCEPTIBILIDADE

Tendo obtido profunda familiaridade com o pensamento "eu sou minha mente-Vajrayogini", por meio do qual mudamos a base de imputação do nosso self, praticamos então a seguinte contemplação e meditação:

Quando eu alcançar a Terra Pura de Keajra, serei permanentemente livre de doenças, envelhecimento, morte e renascimento samsárico e serei capaz de beneficiar incontáveis seres vivos por meio de minhas emanações. Preciso alcançá-la agora.

As duas pernas e os dois braços da Vajrayogini exterior dissolvem-se em seu tronco. A parte inferior do tronco da Vajrayogini exterior, abaixo do umbigo, dissolve-se em minha mente-Vajrayogini, que está no umbigo. Minha mente-Vajrayogini sobe até o coração da Vajrayogini exterior. O tronco da Vajrayogini exterior, abaixo do coração, dissolve-se em minha mente-Vajrayogini, que está no coração. Minha mente-Vajrayogini sobe até a coroa da Vajrayogini exterior. O tronco da Vajrayogini exterior, abaixo da coroa, dissolve-se em minha mente-Vajrayogini, que está na coroa. Então, a coroa da Vajrayogini exterior dissolve-se em minha mente-Vajrayogini. Minha mente-Vajrayogini voa, instantaneamente, através do mais elevado céu do Dharmakaya e alcança a Terra Pura de Keajra.

Meditamos de modo estritamente focado nessa crença, sem distração.

O corpo de minha mente-Vajrayogini torna-se menor e menor e dissolve-se na vacuidade, que é inseparável de grande êxtase.

Meditamos na união de grande êxtase e vacuidade, que é a inconceptibilidade propriamente dita. Devemos repetir a prática propriamente dita do ioga incomum da inconceptibilidade três ou sete vezes em cada sessão.

Os praticantes irão alcançar a Terra Pura de Keajra com este corpo humano pela profunda familiaridade obtida com as práticas preparatórias e com a prática propriamente dita deste ioga incomum, bem como por aplicarem esforço de modo contínuo e de receberem as poderosas bênçãos de Heruka e Vajrayogini. Isso não acontecerá de acordo com a aparência comum, mas com a aparência e a experiência incomuns dos praticantes afortunados. Se um praticante com cerca de oitenta anos de idade alcançar a Terra Pura de Keajra, seu corpo irá se transformar no corpo de um jovem de dezesseis anos, na flor de sua juventude, e irá se tornar um corpo incontaminado. Assim, ele (ou ela) será permanentemente livre de doenças, envelhecimento, morte e renascimento samsárico e, por praticar continuamente o Tantra Ioga Supremo, alcançará a plena iluminação nessa vida.

Dedicatória

Por meio da prática deste ioga da inconceptibilidade,
Que a porta do Paraíso de Keajra esteja aberta para todos,
Para que todos os seres vivos alcancem
O estado de Heruka Pai e Mãe.

Pelas virtudes que aqui acumulei,
Que a doutrina do Conquistador Losang Dragpa –
A verdadeira essência do Budadharma –
Floresça para sempre.

Preces pela Tradição Virtuosa

Para que a tradição de Je Tsongkhapa,
O Rei do Dharma, floresça,
Que todos os obstáculos sejam pacificados
E todas as condições favoráveis sejam abundantes.

Pelas duas coleções, minhas e dos outros,
Reunidas ao longo dos três tempos,
Que a doutrina do Conquistador Losang Dragpa
Floresça para sempre.

Prece *Migtsema* de nove versos

Tsongkhapa, ornamento-coroa dos eruditos da Terra das Neves,
Tu és Buda Shakyamuni e Vajradhara, a fonte de todas as conquistas,
Avalokiteshvara, o tesouro de inobservável compaixão,
Manjushri, a suprema sabedoria imaculada,
E Vajrapani, o destruidor das hostes de maras.
Ó Venerável Guru Buda, síntese das Três Joias,
Com meu corpo, fala e mente, respeitosamente faço pedidos.
Peço, concede tuas bênçãos para amadurecer e libertar a mim e aos outros,
E confere-nos as aquisições comuns e a suprema. (3x)

Cólofon: Esta sadhana, ou prece ritual, para obter aquisições espirituais foi compilada por Venerável Geshe Kelsang Gyatso Rinpoche a partir de fontes tradicionais. 2012.

Apêndice VII
Paraíso de Keajra

O COMENTÁRIO ESSENCIAL À PRÁTICA DO *IOGA INCOMUM DA INCONCEPTIBILIDADE*

O treino na transferência superior de consciência, que está apresentado na sadhana intitulada *O Ioga Incomum da Inconceptibilidade*, é o ioga incomum da inconceptibilidade propriamente dito. Esse treino é denominado "ioga incomum" por ser uma prática incomum do Tantra de Vajrayogini. Os Tantras de outras Deidades não contêm esse treino. Esse treino é denominado "inconceptibilidade" porque possui um significado inconcebível e nos dá significado inconcebível nesta vida e vida após vida. No entanto, toda vez que nos empenharmos na recitação, contemplação e meditação dessa sadhana, devemos estar totalmente livres de distrações. Com distrações, não conseguimos realizar nada.

A efetividade desse treino na transferência superior de consciência depende de oito etapas de práticas preparatórias, que estão apresentadas nesta sadhana.

Primeira etapa – Buscar refúgio

Nessa prática, com o objetivo de libertar, permanentemente, a nós mesmos e a todos os seres vivos do sofrimento, fazemos a promessa, do fundo de nosso coração, de buscar refúgio na assembleia de Gurus, Budas, Dharma e Sangha – os praticantes espirituais puros –

por toda a nossa vida. Essa promessa é o nosso voto de refúgio, pelo qual ingressamos no Budismo e que abre a porta à libertação, a suprema paz mental permanente, conhecida como "nirvana". Como compromissos do nosso voto de refúgio, aplicamos esforço para receber as bênçãos de Buda, para colocar o Dharma em prática e para receber ajuda da Sangha – os praticantes espirituais puros. Praticantes espirituais puros nos conduzem ao caminho espiritual ao demonstrar um bom exemplo para seguir e, por essa razão, são objetos de refúgio. Empenhamo-nos nessa prática, seguindo a sadhana:

Eu e todos os seres sencientes, os migrantes tão extensos quanto o espaço, doravante, até alcançarmos a essência da iluminação,
Buscamos refúgio nos gloriosos, sagrados Gurus,
Buscamos refúgio nos perfeitos Budas, os Abençoados,
Buscamos refúgio nos Dharmas sagrados,
Buscamos refúgio nas Sanghas superiores.

Segunda etapa – Gerar a bodhichitta

Nessa prática, para alcançar a iluminação a fim de beneficiar todos e cada um dos seres vivos todos os dias, fazemos a promessa, do fundo de nosso coração, de praticar as etapas dos caminhos do estágio de geração e do estágio de conclusão de Vajrayogini. Essa promessa é o nosso voto bodhisattva, pelo qual abrimos a porta ao caminho rápido à iluminação. Como compromissos de nosso voto bodhisattva, aplicamos esforço para praticar o estágio de geração e o estágio de conclusão em associação com as seis perfeições: dar, disciplina moral, paciência, esforço, concentração e sabedoria. Empenhamo-nos nessa prática, seguindo a sadhana:

Uma vez que eu tenha alcançado o estado da completa iluminação, a Budeidade, libertarei todos os seres sencientes do oceano de sofrimento do samsara e os levarei ao êxtase da plena iluminação. Com esse propósito, vou praticar as etapas do caminho de Vajrayogini.

Terceira etapa – Gerar uma motivação especial

Empenhamo-nos nessa prática, seguindo a contemplação apresentada na sadhana:

Não há garantia de que não morrerei hoje. A morte destrói minha preciosa oportunidade de alcançar a meta suprema da iluminação e de beneficiar todos os seres vivos. Portanto, preciso transformar meu corpo em um corpo imortal por meio de alcançar a Terra Dakini, a Terra Pura de Keajra.

Meditamos nessa determinação por um breve período.

Quarta etapa – Purificar a aparência comum de nós mesmos

Nossa percepção de nosso *self* (ou seja, a percepção de nós mesmos) que normalmente vemos é a *aparência comum* de nosso *self*. Como essa aparência comum é o principal obstáculo para gerarmo-nos como Vajrayogini, precisamos purificar esse obstáculo por meio de compreender e meditar sobre a mera ausência do nosso *self* (ou seja, de nós mesmos) que normalmente vemos. Empenhamo-nos nessa prática, seguindo a contemplação apresentada na sadhana:

Quando procuro por meu *self* com sabedoria, em vez de encontrar meu *self*, eu desapareço. Isso é uma indicação clara de que meu *self* que normalmente vejo não existe de modo algum.

Meditamos sobre essa mera ausência do nosso self que normalmente vemos.

Quinta etapa – Gerarmo-nos como a Vajrayogini exterior

Enquanto percebemos nada além que a mera ausência de nosso *self* (isto é, de nós mesmos) que normalmente vemos, empenhamo-nos nessa prática, seguindo a contemplação apresentada na sadhana:

No vasto espaço da vacuidade, apareço como a Venerável Vajrayogini, com as características habituais, mas sem a fonte fenômenos e a almofada. Tenho um corpo vermelho feito de

luz e assumo a forma de uma jovem de dezesseis anos, na flor da minha juventude.

Meditamos nessa crença.

Sexta etapa – Visualizar os canais

Praticamos essa visualização com dois propósitos:

1) Reconhecer a localização onde geramos nossa mente Vajrayogini;
2) Receber bênçãos sobre nossos canais, gotas e ventos, de modo que nossa contemplação e meditação na prática propriamente dita do ioga incomum da inconceptibilidade seja bem-sucedida.

Empenhamo-nos nessa prática, seguindo a contemplação apresentada na sadhana:

Bem no centro de meu corpo, que é da natureza da luz, está o meu canal central. Ele é fino como um fio de linha e é reto, vermelho-oleoso, claro e transparente. A ponta inferior do canal central fica na altura de meu umbigo, de onde ele sobe em linha reta, até que sua parte superior toque a coroa de minha cabeça. De cada lado do canal central, sem nenhum espaço entre eles, estão os canais direito e esquerdo. O canal direito é vermelho e o esquerdo é branco. O canal direito começa na ponta de minha narina direita e o canal esquerdo, na ponta de minha narina esquerda. Dali, ambos sobem, formando um arco, até a coroa de minha cabeça e, da coroa, descem até dois centímetros e meio abaixo de meu umbigo, com suas pontas viradas para cima.

Sétima etapa – Gerar nossa mente-Vajrayogini

Nessa prática, transformamos nossa mente em Vajrayogini. Essa transformação é denominada "nossa mente-Vajrayogini" e é a prática especial de autogeração. O propósito de fazer isso é para que alcancemos, diretamente, a Terra Pura de Keajra sem abandonar este corpo humano. Empenhamo-nos nessa prática, seguindo a contemplação apresentada na sadhana:

Em meu umbigo, entre a ponta inferior do canal central e as pontas inferiores dos canais direito e esquerdo, que estão voltadas para cima, há um pequeno espaço vazio. Nesse lugar está minha mente, na forma de Vajrayogini, tão pequena quanto o tamanho de um polegar, com suas características habituais, mas sem a fonte fenômenos e a almofada. Suas duas pernas estão estendidas, e ela encontra-se de pé sobre as pontas inferiores dos canais direito e esquerdo, que estão voltadas para cima, e sua coroa toca a ponta inferior do canal central. Essa Vajrayogini interior é a minha mente. Eu sou minha mente-Vajrayogini.

Meditamos nessa crença.

Oitava etapa – Purificar e transformar o mundo e seus seres

Com a motivação de apreciar todos os seres vivos, empenhamo--nos sinceramente nessa prática para que possamos cumprir com os compromissos de nossos votos tântricos, os quais irão fazer com que nossas ações e nossa mente tornem-se puras. Assim, experienciaremos nosso mundo, nossos prazeres, os seres ao nosso redor e tudo como puro. Podemos fazer essa prática seguindo a contemplação apresentada na sadhana:

Do coração da minha mente-Vajrayogini, localizada no umbigo, irradiam-se incomensuráveis raios de luz de cinco cores, da natureza das cinco sabedorias oniscientes. Eles purificam o mundo inteiro e todos os seres que nele habitam. O mundo transforma-se na Terra Pura de Keajra, e todos os seres transformam-se em Vajrayogini. Todos eles dissolvem-se em luz e transformam-se numa única bola de luz. Essa bola de luz dissolve-se no coração da minha mente-Vajrayogini em meu umbigo.

É muito importante obter profunda familiaridade com o pensamento "Eu sou minha mente-Vajrayogini" para a meditação propriamente dita do ioga incomum da inconceptibilidade. Portanto, devemos enfatizar a prática desse orgulho divino, pensando "Eu sou minha mente-Vajrayogini" em associação com a meditação da respiração-vaso. Na sadhana, está dito:

> ***Neste ponto, devemos praticar a seguinte meditação. Inspiramos suavemente e imaginamos que todos os ventos da parte superior do nosso corpo reúnem-se, fluem para baixo e alcançam o ponto logo acima da nossa mente-Vajrayogini em nosso umbigo. Então, contraímos ligeiramente os músculos da parte inferior do nosso corpo e deslocamos todos os ventos inferiores para cima. Eles sobem e alcançam o ponto logo abaixo da nossa mente-Vajrayogini, em nosso umbigo. Ambos os ventos superiores e inferiores do nosso corpo estão, agora, unidos e sendo mantidos em nosso umbigo. Isso é denominado "respiração-vaso" porque o formato da união dos ventos superiores e inferiores é semelhante ao formato de um vaso. Enquanto sustentamos a respiração-vaso em nosso umbigo prendendo o ar, concentramo-nos em nossa mente-Vajrayogini e pensamos fortemente: "eu sou minha mente-Vajrayogini". Meditamos nessa crença. Logo antes de começarmos a sentir desconforto, exalamos devagar e suavemente pelas narinas. Sustentar a respiração-vaso prendendo a respiração nos ajuda a impedir distrações e torna nossa concentração clara. No começo, seremos incapazes de prender nossa respiração por muito tempo; por essa razão, precisamos repetir essa prática muitas e muitas vezes.***

A PRÁTICA PROPRIAMENTE DITA DO IOGA INCOMUM DA INCONCEPTIBILIDADE

Sabemos ser impossível que o nosso corpo alcance a lua pelo seu próprio poder e capacidade, mas nossa mente pode alcançar a lua instantaneamente, simplesmente pensando nela. Isso mostra que, ao obtermos profunda familiaridade com o pensamento "Eu sou minha mente-Vajrayogini", iremos alcançar, com facilidade, a Terra Pura de Keajra simplesmente por nos empenharmos na prática do ioga incomum da inconceptibilidade. Empenhamo-nos nessa prática, seguindo a contemplação e meditação apresentadas na sadhana:

Quando eu alcançar a Terra Pura de Keajra, serei permanentemente livre de doenças, envelhecimento, morte e renascimento samsárico e serei capaz de beneficiar incontáveis seres vivos por meio de minhas emanações. Preciso alcançá-la agora.

As duas pernas e os dois braços da Vajrayogini exterior dissolvem-se em seu tronco. A parte inferior do tronco da Vajrayogini exterior, abaixo do umbigo, dissolve-se em minha mente-Vajrayogini, que está no umbigo. Minha mente-Vajrayogini sobe até o coração da Vajrayogini exterior. O tronco da Vajrayogini exterior, abaixo do coração, dissolve-se em minha mente-Vajrayogini, que está no coração. Minha mente-Vajrayogini sobe até a coroa da Vajrayogini exterior. O tronco da Vajrayogini exterior, abaixo da coroa, dissolve-se em minha mente-Vajrayogini, que está na coroa. Então, a coroa da Vajrayogini exterior dissolve-se em minha mente-Vajrayogini. Minha mente-Vajrayogini voa, instantaneamente, através do mais elevado céu do Dharmakaya e alcança a Terra Pura de Keajra.

Meditamos de modo estritamente focado nessa crença, sem distração.

O corpo de minha mente-Vajrayogini torna-se menor e menor e dissolve-se na vacuidade, que é inseparável de grande êxtase.

Meditamos na união de grande êxtase e vacuidade, que é a inconceptibilidade propriamente dita. Devemos repetir a prática propriamente dita do ioga incomum da inconceptibilidade três ou sete vezes em cada sessão.

Os praticantes irão alcançar a Terra Pura de Keajra com este corpo humano pela profunda familiaridade obtida com as práticas preparatórias e com a prática propriamente dita deste ioga incomum, bem como por aplicarem esforço de modo contínuo e de receberem as poderosas bênçãos de Heruka e Vajrayogini. Isso não acontecerá de acordo com a aparência comum, mas com a aparência e a experiência incomuns dos praticantes afortunados. Se um praticante com cerca de oitenta anos de idade alcançar a Terra Pura de Keajra, seu corpo irá se transformar no corpo de um jovem de dezesseis anos, na flor de sua juventude, e irá se tornar um corpo incontaminado. Assim, ele (ou ela) será permanentemente livre de doenças, envelhecimento, morte e renascimento samsárico e, por praticar continuamente o Tantra Ioga Supremo, alcançará a plena iluminação nessa vida.

Dedicatória

Por meio da prática deste ioga da inconceptibilidade,
Que a porta do Paraíso de Keajra esteja aberta para todos,
Para que todos os seres vivos alcancem
O estado de Heruka Pai e Mãe.

Pelas virtudes que aqui acumulei,
Que a doutrina do Conquistador Losang Dragpa –
A verdadeira essência do Budadharma –
Floresça para sempre.

Cólofon: Este comentário essencial à prática do *Ioga Incomum da Inconceptibilidade* foi escrito por Venerável Geshe Kelsang Gyatso Rinpoche. 2013.

Apêndice VIII
Prece de Pedidos aos Gurus da Linhagem Mahamudra

Homenagem ao Mahamudra

Ó Excelso Vajradhara, que permeas todas as naturezas;
Glorioso Primeiro Buda, Principal de todas as Famílias Búdicas,
No interior da mansão celestial dos três corpos espontâneos,
Peço a ti, por favor, concede-me tuas bênçãos
Para que eu corte a videira sinuosa, furtiva e serpeante do
agarramento ao em-si em meu continuum mental,
Treine em amor, compaixão e bodhichitta
E realize, rapidamente, o Mahamudra do Caminho da União.

Ó Onisciente Superior Manjushri,
Pai de todos os Conquistadores dos três tempos
Nas Terras Búdicas em todos os mundos das dez direções,
Peço a ti, por favor, concede-me tuas bênçãos
Para que eu corte a videira sinuosa, furtiva e serpeante do
agarramento ao em-si em meu continuum mental,
Treine em amor, compaixão e bodhichitta
E realize, rapidamente, o Mahamudra do Caminho da União.

Ó Venerável Losang Dragpa,
O Segundo Capaz da doutrina de Buda,
Aparecendo na setentrional Terra das Neves,
Peço a ti, por favor, concede-me tuas bênçãos
Para que eu corte a videira sinuosa, furtiva e serpeante do
agarramento ao em-si em meu continuum mental,
Treine em amor, compaixão e bodhichitta
E realize, rapidamente, o Mahamudra do Caminho da União.

Ó Togden Jampel Gyatso,
Principal detentor da doutrina da linhagem de realização
De Je Tsongkhapa, o Filho de Manjushri,
Peço a ti, por favor, concede-me tuas bênçãos
Para que eu corte a videira sinuosa, furtiva e serpeante do
agarramento ao em-si em meu continuum mental,
Treine em amor, compaixão e bodhichitta
E realize, rapidamente, o Mahamudra do Caminho da União.

Ó Baso Chokyi Gyaltsen,
Que abriste o tesouro de instruções da Linhagem Sussurrada
E amadureceste discípulos afortunados,
Peço a ti, por favor, concede-me tuas bênçãos
Para que eu corte a videira sinuosa, furtiva e serpeante do
agarramento ao em-si em meu continuum mental,
Treine em amor, compaixão e bodhichitta
E realize, rapidamente, o Mahamudra do Caminho da União.

Ó Supremo Iogue Dharmavajra,
Que concluíste os iogas dos dois estágios
E alcançaste o corpo imortal de um Detentor do Conhecimento,
Peço a ti, por favor, concede-me tuas bênçãos
Para que eu corte a videira sinuosa, furtiva e serpeante do
agarramento ao em-si em meu continuum mental,
Treine em amor, compaixão e bodhichitta
E realize, rapidamente, o Mahamudra do Caminho da União.

Ó Losang Donyo Drubpa (Gyalwa Ensapa),
Que sustentaste o estandarte da vitória da doutrina definitiva,
Liberto dos grilhões dos oito dharmas mundanos,
Peço a ti, por favor, concede-me tuas bênçãos
Para que eu corte a videira sinuosa, furtiva e serpeante do
agarramento ao em-si em meu continuum mental,
Treine em amor, compaixão e bodhichitta
E realize, rapidamente, o Mahamudra do Caminho da União.

Ó Khedrub Sangye Yeshe,
Que guias todos os migrantes com teu aspecto de ordenado
No encantador palácio dos três corpos,
Peço a ti, por favor, concede-me tuas bênçãos
Para que eu corte a videira sinuosa, furtiva e serpeante do
agarramento ao em-si em meu continuum mental,
Treine em amor, compaixão e bodhichitta
E realize, rapidamente, o Mahamudra do Caminho da União.

Ó Venerável Losang Chogyen (primeiro Panchen Lama),
Todo-Conhecedor, inseparável do Protetor da doutrina
Do Conquistador, Venerável Losang Dragpa,
Peço a ti, por favor, concede-me tuas bênçãos
Para que eu corte a videira sinuosa, furtiva e serpeante do
agarramento ao em-si em meu continuum mental,
Treine em amor, compaixão e bodhichitta
E realize, rapidamente, o Mahamudra do Caminho da União.

Ó Grande Iogue Gendun Gyaltsen (Nechu Rabjampa),
Que concluíste todas as práticas, integrando, em um único
significado,
As palavras dos Sutras, Tantras e comentários,
Peço a ti, por favor, concede-me tuas bênçãos
Para que eu corte a videira sinuosa, furtiva e serpeante do
agarramento ao em-si em meu continuum mental,
Treine em amor, compaixão e bodhichitta
E realize, rapidamente, o Mahamudra do Caminho da União.

Ó Realizado Gyaltsen Dzinpa (Drungpa Tsondru Gyaltsen),
Que, por meio de grande esforço, conquistaste o supremo estado
Por experienciar a essência da doutrina do Conquistador, Venerável Losang,
Peço a ti, por favor, concede-me tuas bênçãos
Para que eu corte a videira sinuosa, furtiva e serpeante do agarramento ao em-si em meu continuum mental,
Treine em amor, compaixão e bodhichitta
E realize, rapidamente, o Mahamudra do Caminho da União.

Ó Konchog Gyaltsen, Detentor da grande linhagem,
Que és habilidoso em expor a discípulos afortunados
O néctar essencial dos sagrados Dharmas vasto e profundo,
Peço a ti, por favor, concede-me tuas bênçãos
Para que eu corte a videira sinuosa, furtiva e serpeante do agarramento ao em-si em meu continuum mental,
Treine em amor, compaixão e bodhichitta
E realize, rapidamente, o Mahamudra do Caminho da União.

Ó Venerável Losang Yeshe (segundo Panchen Lama),
És o próprio Venerável Losang Chokyi Gyaltsen,
Retornando para a glória dos migrantes e da doutrina,
Peço a ti, por favor, concede-me tuas bênçãos
Para que eu corte a videira sinuosa, furtiva e serpeante do agarramento ao em-si em meu continuum mental,
Treine em amor, compaixão e bodhichitta
E realize, rapidamente, o Mahamudra do Caminho da União.

Ó Venerável Losang Trinlay (Lhapa Tulku),
Que realizaste o caminho profundo da Linhagem Sussurrada,
Diretamente abençoada pelos Veneráveis Budas,
Peço a ti, por favor, concede-me tuas bênçãos
Para que eu corte a videira sinuosa, furtiva e serpeante do agarramento ao em-si em meu continuum mental,
Treine em amor, compaixão e bodhichitta
E realize, rapidamente, o Mahamudra do Caminho da União.

Ó Supremo Realizado, Drubwang Losang Namgyal,
Que completaste a prática do significado essencial
Da Linhagem Sussurrada do Conquistador Venerável Losang,
Peço a ti, por favor, concede-me tuas bênçãos
Para que eu corte a videira sinuosa, furtiva e serpeante do agarramento ao em-si em meu continuum mental,
Treine em amor, compaixão e bodhichitta
E realize, rapidamente, o Mahamudra do Caminho da União.

Ó Bondoso Kachen Yeshe Gyaltsen,
Que, por compaixão, elucidas sem erro
As instruções da Linhagem Sussurrada do Venerável Lama,
Peço a ti, por favor, concede-me tuas bênçãos
Para que eu corte a videira sinuosa, furtiva e serpeante do agarramento ao em-si em meu continuum mental,
Treine em amor, compaixão e bodhichitta
E realize, rapidamente, o Mahamudra do Caminho da União.

Ó Venerável Phurchog Ngawang Jampa,
Que difundiste, por todas as terras centrais e áreas de fronteira,
A essência da inequívoca doutrina da totalidade do caminho
Peço a ti, por favor, concede-me tuas bênçãos
Para que eu corte a videira sinuosa, furtiva e serpeante do agarramento ao em-si em meu continuum mental,
Treine em amor, compaixão e bodhichitta
E realize, rapidamente, o Mahamudra do Caminho da União.

Ó Panchen Palden Yeshe,
Que, como um glorioso primeiro Buda sob o aspecto de um ordenado,
Amadureceste toda a China e Tibete com o Dharma,
Peço a ti, por favor, concede-me tuas bênçãos
Para que eu corte a videira sinuosa, furtiva e serpeante do agarramento ao em-si em meu continuum mental,
Treine em amor, compaixão e bodhichitta
E realize, rapidamente, o Mahamudra do Caminho da União.

Ó Khedrub Ngawang Dorje,
Que realizaste, estritamente focado, todas as aquisições,
A conclusão dos excelentes caminhos de Sutra e de Tantra,
Peço a ti, por favor, concede-me tuas bênçãos
Para que eu corte a videira sinuosa, furtiva e serpeante do agarramento ao em-si em meu continuum mental,
Treine em amor, compaixão e bodhichitta
E realize, rapidamente, o Mahamudra do Caminho da União.

Ó Venerável Ngulchu Dharmabhadra,
Protetor que clarificaste a doutrina do Conquistador por meio de explicação e composição,
Com habilidade, resoluto e imperturbável, como um segunda Buda,
Peço a ti, por favor, concede-me tuas bênçãos
Para que eu corte a videira sinuosa, furtiva e serpeante do agarramento ao em-si em meu continuum mental,
Treine em amor, compaixão e bodhichitta
E realize, rapidamente, o Mahamudra do Caminho da União.

Ó Yangchen Drubpay Dorje,
Cujos olhos, de grande e inobservável compaixão, nunca estão fechados,
E cuja profunda e extensa sabedoria é como a de Manjushri,
Peço a ti, por favor, concede-me tuas bênçãos
Para que eu corte a videira sinuosa, furtiva e serpeante do agarramento ao em-si em meu continuum mental,
Treine em amor, compaixão e bodhichitta
E realize, rapidamente, o Mahamudra do Caminho da União.

Ó Khedrub Tendzin Tsondru,
Que concluíste os iogas de êxtase e vacuidade
E foste diretamente à capital da União,
Peço a ti, por favor, concede-me tuas bênçãos
Para que eu corte a videira sinuosa, furtiva e serpeante do agarramento ao em-si em meu continuum mental,
Treine em amor, compaixão e bodhichitta
E realize, rapidamente, o Mahamudra do Caminho da União.

Ó Venerável Phabongkha Trinlay Gyatso,
Que, pelo poder de teu amor por todos os migrantes,
Sustentaste o estandarte da vitória das doutrinas de Sutra e de Tantra,
Peço a ti, por favor, concede-me tuas bênçãos
Para que eu corte a videira sinuosa, furtiva e serpeante do
agarramento ao em-si em meu continuum mental,
Treine em amor, compaixão e bodhichitta
E realize, rapidamente, o Mahamudra do Caminho da União.

Ó Bondoso Losang Yeshe (Trijang Rinpoche),
Guia Espiritual que, para discípulos afortunados,
Promoveste a essência-coração do Venerável Segundo Conquistador,
Peço a ti, por favor, concede-me tuas bênçãos
Para que eu corte a videira sinuosa, furtiva e serpeante do
agarramento ao em-si em meu continuum mental,
Treine em amor, compaixão e bodhichitta
E realize, rapidamente, o Mahamudra do Caminho da União.

Ó Venerável Kelsang Gyatso Rinpoche,
Que, por tua compaixão e com tua grande habilidade,
Explicas, para discípulos afortunados,
As instruções de teu Guru e da linhagem profunda,
Peço a ti, por favor, concede-me tuas bênçãos
Para que eu corte a videira sinuosa, furtiva e serpeante do
agarramento ao em-si em meu continuum mental,
Treine em amor, compaixão e bodhichitta
E realize, rapidamente, o Mahamudra do Caminho da União.

Por favor, concedei-me vossas bênçãos
Para que eu veja o Venerável Guru como um Buda,
Supere o apego pelas moradas do samsara
E, tendo assumido o fardo de libertar todos os migrantes,
Realize os caminhos comum e incomum
E alcance, rapidamente, a União do Mahamudra.

Que este meu corpo e teu corpo, Ó Pai,
Esta minha fala e tua fala, Ó Pai,
Esta minha mente e tua mente, Ó Pai,
Tornem-se, por meio de tuas bênçãos, inseparavelmente uma única.

Cólofon: Esta prece tradicional de pedidos aos Gurus da Linhagem Mahamudra foi traduzida pelos discípulos de Venerável Geshe Kelsang Gyatso sob sua compassiva orientação. A estrofe de pedidos a Geshe Kelsang Gyatso foi escrita pelo Glorioso Protetor do Dharma, Duldzin Dorje Shugden, a pedidos dos fervorosos discípulos de Geshe Kelsang.

Glossário

Agarramento ao em-si Mente conceitual que sustenta qualquer fenômeno como sendo inerentemente existente. A mente de agarramento ao em-si dá surgimento a todas as demais delusões, como a raiva e o apego. É a causa-raiz de todo sofrimento e insatisfação. Consultar *Budismo Moderno, Novo Coração de Sabedoria* e *Oceano de Néctar.*

Agregado Em geral, todas as coisas funcionais são agregados porque são uma agregação de suas partes. Em particular, uma pessoa do reino do desejo ou do reino da forma tem cinco agregados: os agregados forma, sensação, discriminação, fatores de composição e consciência. Um ser do reino da sem-forma carece do agregado forma, mas possui os outros quatro agregados. O agregado forma de uma pessoa é o seu corpo. Os quatro agregados restantes são aspectos de sua mente. Consultar *Novo Coração de Sabedoria.*

Agregado(s) contaminado(s) Qualquer um dos agregados forma, sensação, discriminação, fatores de composição e consciência de um ser samsárico. Ver também agregado. Consultar *Caminho Alegre da Boa Fortuna.*

Amitabha A manifestação da fala de todos os Budas, como também do agregado discriminação de todos os Budas. Amitabha tem um corpo vermelho. Consultar *Oito Passos para a Felicidade.*

Aparência comum e concepção comum Aparência comum é qualquer aparência devida a uma mente impura, e concepção comum é qualquer mente que concebe coisas como comuns. De acordo com o Mantra Secreto, aparências comuns são obstruções à onisciência, e concepções comuns são obstruções à libertação. Consultar *Mahamudra-Tantra* e *Novo Guia à Terra Dakini*.

Aparência dual Aparência de um objeto à mente juntamente com a aparência da existência inerente do objeto. Consultar *Novo Coração de Sabedoria* e *Contemplações Significativas*.

Aquisição subsequente Período entre as sessões de meditação.

Autoapreço Atitude mental que faz com que alguém se considere supremamente importante e precioso. O autoapreço é identificado como o objeto principal a ser abandonado pelos Bodhisattvas. Consultar *Budismo Moderno*, *Oito Passos para a Felicidade* e *Contemplações Significativas*.

Base de designação, base de imputação Todos os fenômenos são designados, ou imputados, sobre suas partes. Por essa razão, qualquer uma das partes individuais ou a coleção completa das partes de qualquer fenômeno é a sua base de designação, ou base de imputação. Um fenômeno é designado pela mente na dependência da base de designação do fenômeno que aparece à mente. Consultar *Novo Coração de Sabedoria* e *Oceano de Néctar*.

Bênção Transformação da nossa mente de um estado negativo para um estado positivo, de um estado infeliz para um estado feliz, de um estado de fraqueza para um estado de vigor, pela inspiração de seres sagrados, como nosso Guia Espiritual, Budas e Bodhisattvas.

Bhaga Palavra sânscrita para o órgão sexual feminino.

Bodhisattva Uma pessoa que gerou a bodhichitta espontânea, mas que ainda não se tornou um Buda. A partir do momento que um praticante gera a bodhichitta não artificial, ou espontânea, ele (ou ela) torna-se um Bodhisattva e ingressa no primeiro Caminho Mahayana, o Caminho da Acumulação. Um Bodhisattva comum é um Bodhisattva que não realizou a vacuidade diretamente, e um Bodhisattva superior é um Bodhisattva que obteve uma realização direta da vacuidade. Consultar *Budismo Moderno*, *Caminho Alegre da Boa Fortuna* e *Contemplações Significativas*.

Buda Um ser que abandonou completamente todas as delusões e suas marcas. Todo ser vivo tem o potencial de se tornar um Buda. Consultar *Budismo Moderno* e *Caminho Alegre da Boa Fortuna*.

Buda Shakyamuni O fundador do Budismo nesta era mundial. Consultar *Introdução ao Budismo* e *Budismo Moderno*.

Budismo Kadampa Escola budista mahayana fundada pelo grande mestre budista indiano Atisha (982–1054). Ver também Kadampa e Tradição Kadampa.

Caminho/Caminho espiritual Uma excelsa percepção associada com renúncia espontânea, ou não fabricada. Caminho espiritual, solo espiritual, veículo espiritual e excelsa percepção são sinônimos. Ver também solo/solo espiritual. Consultar *Solos e Caminhos Tântricos* e *Oceano de Néctar*.

Caminho do Meio A visão correta da vacuidade impede ambos os extremos e, por essa razão, a vacuidade é denominada "o caminho do meio". Consultar *Oceano de Néctar*.

Campo de Mérito Refere-se às Três Joias. Assim como sementes exteriores crescem num campo de cultivo, as sementes virtuosas interiores, produzidas pelas ações virtuosas, crescem na dependência da Joia Buda, da Joia Dharma e da Joia Sangha. Também conhecido como "Campo para Acumular Mérito".

Carma Termo sânscrito que significa "ação". Por força de intenção, fazemos ações com nosso corpo, fala e mente, e todas essas ações produzem efeitos. O efeito das ações virtuosas é felicidade, e o efeito das ações negativas é sofrimento. Consultar *Caminho Alegre da Boa Fortuna*.

Chandrakirti (por volta do século VII) Grande erudito budista indiano e mestre de meditação que escreveu, dentre muitos outros livros, o famoso *Guia ao Caminho do Meio*, no qual elucida claramente a visão da escola Madhyamika-Prasangika de acordo com os ensinamentos de Buda dados nos *Sutras Perfeição de Sabedoria*. Consultar *Oceano de Néctar*.

Clarividência Habilidade que surge de concentração especial. Existem cinco tipos principais de clarividência: a clarividência do olho divino (a habilidade de ver formas sutis e distantes), a clarividência do ouvido divino (a habilidade de escutar sons sutis e distantes), a clarividência de poderes miraculosos (a habilidade de emanar diversas formas por meio da mente), a clarividência de conhecer vidas anteriores e a clarividência de conhecer a mente dos outros. Alguns seres, como os seres-do-bardo e alguns seres humanos e espíritos, têm clarividência contaminada, desenvolvida devido ao carma, mas esse tipo de clarividência não é verdadeira clarividência.

Coleção de mérito Ação virtuosa motivada por bodhichitta e que é a causa principal para se obter o Corpo-Forma de um Buda. Exemplos: fazer oferendas e prostrações aos seres sagrados com a motivação de bodhichitta; e praticar as perfeições de dar, disciplina moral e paciência.

Coleção de sabedoria Ação mental virtuosa motivada por bodhichitta e que é a causa principal para se obter o Corpo-Verdade de um Buda. Exemplos: ouvir com atenção, contemplar e meditar sobre a vacuidade com a motivação de bodhichitta.

Compaixão Uma mente que não pode suportar o sofrimento dos outros e que deseja que eles se libertem do sofrimento. Consultar *Budismo Moderno* e *Caminho Alegre da Boa Fortuna*.

Compromissos Promessas e juramentos tomados quando nos empenhamos em determinadas práticas espirituais.

Concentração Fator mental que faz sua mente primária permanecer estritamente focada em seu objeto. Consultar *Como Entender a Mente* e *Caminho Alegre da Boa Fortuna*.

Conquistador Solitário Um tipo de praticante hinayana. Também conhecido como "Realizador Solitário". Os Conquistadores Solitários que aparecem no Campo de Mérito são emanações de Buda.

Contínua-lembrança (mindfulness, em inglês) Fator mental que atua para não esquecer o objeto compreendido pela mente primária. Consultar *Como Entender a Mente*, *Contemplações Significativas* e *Clara-Luz de Êxtase*.

Corpo-de-Deleite "*Sambhogakaya*" em sânscrito. O Corpo-Forma sutil de Buda, que pode ser percebido somente por mahayanas superiores. Consultar *Solos e Caminhos Tântricos*.

Corpo-Emanação "*Nirmanakaya*" em sânscrito. O Corpo-Forma denso de um Buda, que pode ser visto por seres comuns. Em geral, os Budas manifestam-se em muitas formas diferentes. O aspecto de algumas dessas emanações é mundano, apesar de que, em essência, sejam Budas. Em essência, todas as emanações de Buda são seres plenamente iluminados. Ver também Corpos de Buda. Consultar *Solos e Caminhos Tântricos*.

Corpo-Verdade O Corpo-Natureza e o Corpo-Verdade-Sabedoria de um Buda. Ver também *Corpos de Buda*.

Corpos de Buda Um Buda possui quatro corpos: o Corpo-Verdade-Sabedoria, o Corpo-Natureza, o Corpo-de-Deleite e o Corpo-Emanação. O Corpo-Verdade-Sabedoria é a mente onisciente de Buda. O Corpo-Natureza é a vacuidade, ou natureza última, de sua mente. O Corpo-de-Deleite é seu Corpo-Forma sutil. O Corpo-Emanação, a partir do qual cada Buda manifesta um número incontável de corpos, é o Corpo-Forma denso, visível aos seres comuns. O Corpo-Verdade-Sabedoria e o Corpo-Natureza estão, ambos, incluídos no Corpo-Verdade, e o Corpo-de-Deleite e o Corpo-Emanação estão, ambos, incluídos no Corpo-Forma. Consultar *Caminho Alegre da Boa Fortuna*, *Solos e Caminhos Tântricos* e *Oceano de Néctar*.

Dakinis Budas tântricos femininos e mulheres que alcançaram a realização da clara-luz-significativa. Dakas são os equivalentes masculinos. Consultar *Novo Guia à Terra Dakini*.

Deidade "Yidam" em tibetano. Um ser iluminado tântrico.

Delusão Fator mental que surge de atenção imprópria e que atua tornando a mente perturbada e descontrolada. Existem três delusões principais: ignorância, apego desejoso e raiva. Delas surgem todas as demais delusões, como inveja, orgulho e dúvida deludida. Ver também delusões inatas e delusões intelectualmente formadas. Consultar *Caminho Alegre da Boa Fortuna* e *Como Entender a Mente*.

Delusões inatas Delusões que não são o produto de especulação intelectual, mas que surgem naturalmente. Consultar *Como Entender a Mente*.

Delusões intelectualmente formadas Delusões que surgem como resultado de confiarmos em raciocínios incorretos ou em princípios ou doutrinas equivocadas. Consultar *Como Entender a Mente*.

Dharma Os ensinamentos de Buda e as realizações interiores obtidas na dependência da prática desses ensinamentos. "Dharma" significa "proteção". Por praticar os ensinamentos de Buda, nos protegemos de sofrimentos e problemas.

Dharmavajra (nascido em 1457) Grande Mahasiddha tibetano e Guru-linhagem do Mahamudra.

Duas verdades A verdade convencional e a verdade última. Consultar *Budismo Moderno*, *Contemplações Significativas* e *Oceano de Néctar*.

Emanação Forma animada ou inanimada manifestada pelos Budas ou elevados Bodhisattvas para o benefício dos outros.

Equilíbrio meditativo Concentração estritamente focada em um objeto virtuoso, como, por exemplo, a vacuidade.

Estado intermediário "*Bardo*" em tibetano. O estado entre a morte e o renascimento. O estado intermediário começa no momento em que a consciência deixa o corpo, e ele cessa no momento em que a consciência ingressa no corpo da próxima vida. Consultar *Caminho Alegre da Boa Fortuna* e *Viver Significativamente, Morrer com Alegria.*

Estágio de conclusão Realizações do Tantra Ioga Supremo desenvolvidas na dependência de os ventos entrarem, permanecerem e se dissolverem no canal central por força de meditação.

Estágio de geração Realização de um ioga criativo antes da aquisição do estágio de conclusão efetivo. A realização do estágio de geração é obtida por meio da prática de trazer os três corpos para o caminho, na qual alguém gera mentalmente a si mesmo como uma Deidade tântrica e seu ambiente como o mandala da Deidade. A meditação no estágio de geração é denominada "ioga criativo" porque seu objeto é criado, ou gerado, por meio de imaginação correta. Consultar *Solos e Caminhos Tântricos, Budismo Moderno* e *Mahamudra Tantra.*

Existência inerente Modo de existência imaginado, no qual os fenômenos são considerados como existindo do seu próprio lado, independentes de outros fenômenos. Em realidade, todos os fenômenos carecem, ou são vazios, de existência inerente, pois dependem de outros fenômenos. Consultar *Budismo Moderno, Novo Coração de Sabedoria* e *Oceano de Néctar.*

Faculdade sensorial Um poder, ou faculdade, interior localizado bem no centro do órgão sensorial e que atua diretamente para gerar a percepção sensorial. Existem cinco faculdades sensoriais, uma para cada tipo de percepção sensorial: a percepção visual, e assim por diante. As faculdades sensoriais são, algumas vezes, conhecidas como "faculdades sensoriais possuidoras de forma". Consultar *Como Entender a Mente.*

Famílias Búdicas Existem Cinco Famílias Búdicas principais: as famílias Vairochana, Ratnasambhava, Amitabha, Amoghasiddhi e Akshobya. As Cinco Famílias são os cinco agregados purificados (forma, sensação, discriminação, fatores de composição e consciência, respectivamente) e as cinco excelsas sabedorias (excelsa sabedoria semelhante-a-um-espelho, excelsa sabedoria da igualdade, excelsa sabedoria da análise individual, excelsa sabedoria de realizar atividades e excelsa sabedoria do Dharmadhatu, respectivamente). Consultar *Grande Tesouro de Mérito*.

Fé Mente naturalmente virtuosa que atua principalmente para se opor à percepção de falhas em seu objeto observado. Existem três tipos de fé: fé de acreditar, fé de admirar e fé de almejar. Consultar *Transforme sua Vida*, *Caminho Alegre da Boa Fortuna* e *Como Entender a Mente*.

Fogo interior "*Tummo*" em tibetano. Calor interior localizado no centro da roda-canal do umbigo.

Fonte-Fenômenos Fenômeno que aparece somente para a percepção mental. É também o nome dado ao mandala de Vajrayogini, cujo formato é semelhante a um duplo tetraedro. Consultar *Novo Guia à Terra Dakini*.

Gelug Tradição fundada por Je Tsongkhapa. O nome "Gelug" significa "Tradição Virtuosa". Um Gelugpa é um praticante que segue essa tradição. Os Gelugpas são chamados, às vezes, de "novos Kadampas". Consultar *Joia-Coração*.

Geshe Chekhawa (1102–1176) Um grande Bodhisattva kadampa que escreveu o texto *Treinar a Mente em Sete Pontos*, um comentário às *Oito Estrofes do Treino da Mente*, do Bodhisattva Langri Tangpa. Geshe Chekhawa difundiu o estudo e a prática do treino da mente por todo o Tibete. Consultar *Compaixão Universal*.

Geshe Jayulwa (1075–1138) Famoso mestre kadampa.

Ghantapa Um grande Mahasiddha indiano e Guru-linhagem das práticas do Tantra Ioga Supremo de Heruka e de Vajrayogini. Consultar *Novo Guia à Terra Dakini.*

Guia Espiritual Vajrayana Guia Espiritual tântrico plenamente qualificado. Consultar *Grande Tesouro de Mérito.*

Gungtang Gungtang Konchog Tenpai Dronme (1762–1823), erudito e meditador *gelug*, famoso por seus poemas espirituais e escritos filosóficos.

Guru-Ioga Maneira especial de confiar em nosso Guia Espiritual, com o propósito de receber suas bênçãos. Consultar *Caminho Alegre da Boa Fortuna*, *Grande Tesouro de Mérito* e *Joia-Coração.*

Guru-raiz O Guia Espiritual principal de quem recebemos as iniciações, instruções e transmissões orais de nossa prática principal. Consultar *Grande Tesouro de Mérito*, *Caminho Alegre da Boa Fortuna* e *Joia-Coração.*

Gurus-linhagem *Continuum*, ou série, de Guias Espirituais por meio dos quais uma instrução específica tem sido transmitida.

Gyalwa Ensapa (1505–1566) Grande iogue e Guru-linhagem do Mahamudra, que conquistou a iluminação em três anos. Consultar *Grande Tesouro de Mérito.*

Herói e Heroína Um Herói é uma Deidade tântrica masculina, que é a corporificação do método. Uma Heroína é uma Deidade tântrica feminina, que é a corporificação da sabedoria. Consultar *Novo Guia à Terra Dakini.*

Imagem genérica O objeto aparecedor para uma mente conceitual. A imagem genérica, ou imagem mental, de um objeto é como o reflexo desse objeto. A mente conceitual conhece seu objeto por meio da aparência da imagem genérica do objeto, mas não por ver o objeto diretamente. Consultar *Novo Coração de Sabedoria* e *Como Entender a Mente.*

Iniciação ("*empowerment*" em inglês, que em uma tradução literal significa "empoderamento", "autorização", "permissão") A iniciação é um poder potencial especial para se obter qualquer um dos quatros corpos de um Buda. Um praticante tântrico recebe, de seu Guru ou de outros seres sagrados, uma iniciação por meio de um ritual tântrico. Uma iniciação é a porta de ingresso ao Vajrayana. Consultar *Solos e Caminhos Tântricos* e *Mahamudra Tantra*.

Ioga Termo utilizado para várias práticas espirituais que requerem a manutenção de uma visão especial, como as práticas de Guru-Ioga e os iogas de dormir, de acordar e de experimentar néctar. "Ioga" refere-se também a "união", como a união do tranquilo-permanecer com a visão superior.

Iogue/Ioguine Termos sânscritos normalmente utilizados para se referir a um meditador masculino ou feminino que alcançou a união do tranquilo-permanecer com a visão superior.

Je Phabongkhapa (1878–1941) Grande lama tibetano que foi uma emanação de Heruka. Je Phabongkhapa foi o detentor de muitas linhagens de Sutra e do Mantra Secreto, e foi também o Guru-raiz de Vajradhara Trijang Rinpoche. Ele é também conhecido como Phabongkha Trinlay Gyatso.

Je Tsongkhapa (1357–1419) Je Tsongkhapa foi uma emanação do Buda da Sabedoria Manjushri. Sua aparição no século XIV como um monge e detentor da linhagem da visão pura e de feitos puros, no Tibete, foi profetizada por Buda. Je Tsongkhapa difundiu um Budadharma muito puro por todo o Tibete, mostrando como combinar as práticas de Sutra e de Tantra e como praticar o puro Dharma durante tempos degenerados. Sua tradição ficou conhecida posteriormente como "Gelug" ou "Tradição Ganden". Consultar *Joia-Coração* e *Grande Tesouro de Mérito*.

Kadampa Palavra tibetana na qual "Ka" significa "palavra" e refere-se a todos os ensinamentos de Buda; "dam" refere-se às instruções de Lamrim especiais de Atisha, conhecidas como "as etapas do caminho à iluminação"; e "pa" refere-se ao seguidor do Budismo Kadampa, que integra em sua prática de Lamrim todos os ensinamentos de Buda que ele conhece. Ver também Budismo Kadampa e Tradição Kadampa. Consultar *Budismo Moderno*.

Keajra Palavra sânscrita para "Terra Dakini", a Terra Pura de Buda Vajrayogini e Buda Heruka. Consultar *Novo Guia à Terra Dakini* e *Essência do Vajrayana*.

Lama Palavra tibetana para "Guia Espiritual" (*Guru*, em sânscrito).

Lamrim Termo tibetano que significa literalmente "etapas do caminho". O Lamrim é uma organização especial de todos os ensinamentos de Buda, que é fácil de compreender e de ser colocado em prática. Ele revela todas as etapas do caminho à iluminação. Para um comentário completo ao Lamrim, consultar *Caminho Alegre da Boa Fortuna*.

Letra-semente Letra sagrada a partir da qual uma Deidade é gerada. Cada Deidade possui uma letra-semente específica. Por exemplo, a letra-semente de Manjushri é DHI, a letra-semente de Tara é TAM , a letra-semente de Vajrayogini é BAM, e a letra semente de Heruka é HUM. Para obtermos realizações tântricas, precisamos reconhecer que as Deidades e suas letras-sementes são de mesma natureza.

Libertação Libertar-se totalmente do samsara e de suas causas, as delusões. Consultar *Caminho Alegre da Boa Fortuna*.

Linhagem *Continuum* (*line*, em inglês) de instruções transmitido de Guia Espiritual para discípulo, em que cada Guia Espiritual da linhagem obteve uma experiência pessoal da instrução antes de passá-la para os outros.

Lojong Termo tibetano que significa literalmente "treino da mente". Ver também treino da mente.

Losang Dragpa "Sumati Kirti" em sânscrito. É o nome de ordenação de Je Tsongkhapa. Consultar *Grande Tesouro de Mérito* e *Joia-Coração*.

Madhyamika Termo sânscrito que literalmente significa "Caminho do Meio". É a mais elevada das duas escolas de princípios filosóficos mahayana. A visão Madhyamika foi ensinada por Buda nos *Sutras Perfeição de Sabedoria* durante a segunda girada da Roda do Dharma e foi elucidada, posteriormente, por Nagarjuna e seus seguidores. Existem duas divisões dessa escola: Madhyamika-Svatantrika e Madhyamika-Prasangika. A escola Madhyamika-Prasangika é a visão última e conclusiva de Buda. Consultar *Contemplações Significativas* e *Oceano de Néctar*.

Mahasiddha Termo sânscrito que significa "grandemente realizado". O termo Mahasiddha é utilizado para se referir a iogues ou ioguines com elevadas aquisições.

Mahayana Termo sânscrito para "Grande Veículo", o caminho espiritual à grande iluminação. A meta mahayana é conquistar a Budeidade para o benefício de todos os seres sencientes, por meio do abandono completo das delusões e de suas marcas. Consultar *Caminho Alegre da Boa Fortuna* e *Contemplações Significativas*.

Maitreya A corporificação da bondade amorosa de todos os Budas. No tempo de Buda Shakyamuni, Maitreya manifestou-se como um discípulo Bodhisattva a fim de mostrar, aos discípulos de Buda, como ser um perfeito discípulo mahayana. No futuro, Maitreya irá se manifestar como o quinto Buda fundador.

Mandala A mansão celestial na qual uma Deidade tântrica habita, ou o ambiente ou Deidades de uma Terra Pura Búdica.

Mandala de corpo A transformação, em uma Deidade, de qualquer parte do corpo, seja de alguém autogerado como uma Deidade, seja de uma Deidade gerada-em-frente. Consultar *Essência do Vajrayana*, *Novo Guia à Terra Dakini* e *Grande Tesouro de Mérito*.

Manjushri A corporificação da sabedoria de todos os Budas. Consultar *Grande Tesouro de Mérito* e *Joia-Coração*.

Mantra Termo sânscrito que significa literalmente "proteção da mente". O mantra protege a mente das aparências e concepções comuns. Existem quatro tipos de mantra: mantras que são mente, mantras que são vento interior, mantras que são som e mantras que são forma. Em geral, existem três tipos de recitação de mantra: recitação verbal, recitação mental e recitação vajra. Consultar *Solos e Caminhos Tântricos*.

Meditação analítica Processo mental de investigar um objeto virtuoso, isto é, analisar sua natureza, atuação (ou função), características e outros aspectos. Consultar *Novo Manual de Meditação*.

Mente-raiz Mente muito sutil localizada no centro da roda-canal do coração. Ela é conhecida como "mente-raiz" porque todas as outras mentes surgem dela e nela se dissolvem. Consultar *Mahamudra-Tantra*.

Mera aparência Todos os fenômenos são meras aparências porque são imputados, ou designados, pela mente na dependência de uma base de imputação adequada que aparece à mente. A palavra *mera* exclui qualquer possibilidade de existência inerente. Consultar *Budismo Moderno* e *Oceano de Néctar*.

Mérito Boa fortuna criada por ações virtuosas. O mérito é um poder potencial para aumentar nossas boas qualidades e produzir felicidade.

Milarepa (1040–1123) Um grande meditador budista tibetano, famoso pela intensa confiança em seu Guia Espiritual e por suas belas canções de realização.

Monte Meru De acordo com a cosmologia budista, uma montanha divina que se ergue no centro do universo.

Nada Linha de três curvas que aparece na parte superior de algumas letras-sementes.

Nagarjuna Grande erudito budista indiano e mestre de meditação que reviveu o Mahayana no primeiro século por trazer à luz os ensinamentos dos *Sutras Perfeição de Sabedoria*. Consultar *Novo Coração de Sabedoria* e *Oceano de Néctar*.

Natureza búdica A mente-raiz de um ser senciente e sua natureza última. Semente búdica, natureza búdica e linhagem búdica são sinônimos. Todos os seres vivos possuem a natureza búdica e, portanto, têm o potencial para alcançar a Budeidade. Consultar *Mahamudra-Tantra*.

Ngulchu Dharmabhadra (1772–1851) Grande erudito budista tibetano e meditador da Tradição de Je Tsongkhapa.

Norsang Gyatso (1423–1513) Grande erudito budista tibetano e meditador da Tradição de Je Tsongkhapa.

Oferenda ao Guia Espiritual "*Lama Chopa*" em tibetano. Um Guru-Ioga especial de Je Tsongkhapa, no qual nosso Guia Espiritual é visualizado no aspecto de Lama Losang Tubwang Dorjechang. A instrução para essa prática foi revelada por Buda Manjushri na *Escritura Emanação Kadam* e escrita pelo primeiro Panchen Lama. *Oferenda ao Guia Espiritual* é uma prática preliminar ao Mahamudra Vajrayana. Para uma tradução e comentário completo a essa prática, consultar *Grande Tesouro de Mérito*.

Oferenda do mandala Oferenda do universo inteiro visualizado como uma Terra Pura, com todos os seus habitantes como seres puros. Consultar *Novo Guia à Terra Dakini*.

Orgulho divino Orgulho não deludido de alguém que se considera, a si próprio, como uma Deidade e seu ambiente e prazeres como os da Deidade. O orgulho divino é o antídoto às concepções comuns. Consultar *Novo Guia à Terra Dakini*.

Panchen Lama, primeiro (1569–1662) Grande erudito tibetano e meditador que foi uma emanação de Buda Amitabha. Seu nome de ordenado é Losang Chokyi Gyaltsen. Do mesmo modo que Khedrupje é, algumas vezes, considerado como o primeiro Panchen Lama, Losang Chokyi Gyaltsen é, às vezes, referido como o quarto Panchen Lama.

Poderes miraculosos Ver clarividência.

Protetor(es) do Dharma Emanação de um Buda ou de um Bodhisattva, cuja principal função é impedir obstáculos interiores e exteriores – que impedem os praticantes de Dharma de obterem realizações espirituais – e reunir todas as condições necessárias para sua prática de Dharma. Também chamado "Dharmapala" em sânscrito. Consultar *Joia-Coração*.

Refúgio Proteção verdadeira, efetiva. Buscar refúgio em Buda, Dharma e Sangha significa ter fé nessas Três Joias e confiar, ou depender, delas para se proteger de todos os medos e sofrimentos. Consultar *Budismo Moderno*, *Caminho Alegre da Boa Fortuna* e *Contemplações Significativas*.

Reino do desejo Os ambientes dos seres-do-inferno, fantasmas famintos, animais, seres humanos, semideuses e dos deuses que desfrutam dos cinco objetos de desejo.

Reino da forma O ambiente dos deuses que possuem forma.

Reino da sem-forma O ambiente dos deuses que não possuem forma.

Reinos inferiores Ver samsara.

Renúncia O desejo de se libertar do samsara. Consultar *Budismo Moderno* e *Caminho Alegre da Boa Fortuna*.

Retiro-aproximador Retiro durante o qual nos empenhamos em nos aproximar de uma Deidade específica. Isso pode ser entendido de duas maneiras: aproximarmo-nos no sentido de desenvolver uma relação especial com um amigo, e aproximarmo-nos no sentido de nos tornarmos cada vez mais parecidos com a Deidade. Um *retiro-aproximador de ação* é um retiro-aproximador no qual coletamos um determinado número de mantras e o concluímos com um puja do fogo. Consultar *Joia-Coração*, *Novo Guia à Terra Dakini*, *Essência do Vajrayana* e *Solos e Caminhos Tântricos*.

Sabedoria Mente inteligente virtuosa que faz sua mente primária compreender ou realizar seu objeto por inteiro. A sabedoria é um caminho espiritual que atua, ou funciona, para libertar nossa mente das delusões ou das marcas das delusões. Um exemplo de sabedoria é a visão correta da vacuidade. Consultar *Novo Coração de Sabedoria*, *Oceano de Néctar* e *Como Entender a Mente*.

Sadhana Prece ritual que é um método especial para obtermos realizações espirituais, normalmente associada a uma Deidade tântrica.

Sakya Pândita (1182–1251) Grande erudito tibetano e meditador, que é considerado uma emanação de Manjushri.

Samsara O ciclo de morte e renascimento descontrolado, ou os agregados contaminados de um ser que teve tal renascimento. O samsara, ou "existência cíclica", é caracterizado por sofrimento e insatisfação. Existem seis reinos no samsara. Os reinos do samsara, listados em ordem ascendente de acordo com o tipo de carma que causa o renascimento neles, são: o reino dos seres-do-inferno, o reino dos espíritos famintos, o reino dos animais, o reino dos seres humanos, o reino dos semideuses e o reino dos deuses. Os três primeiros reinos são reinos inferiores, ou migrações infelizes; e os demais três reinos são reinos superiores, ou migrações felizes. Embora o reino dos deuses seja o mais elevado reino no samsara, devido ao carma que causou o renascimento nele, é dito que o reino humano é o reino mais afortunado, pois possibilita as melhores condições para se alcançar a libertação e a iluminação. Consultar *Caminho Alegre da Boa Fortuna*.

Senhor da Morte Embora o mara, ou demônio, da morte descontrolada não seja um ser senciente, ele é personificado como o Senhor da Morte, ou "Yama". No diagrama da Roda da Vida, o Senhor da Morte é representado agarrando a roda entre suas garras e dentes. Consultar *Caminho Alegre da Boa Fortuna*.

Ser-de-compromisso Um Buda visualizado ou nós mesmos visualizados como um Buda. Um ser-de-compromisso é assim denominado porque, em geral, é um compromisso de todos os budistas visualizar ou lembrar-se de Buda e, em particular, é um compromisso de todos os que receberam uma iniciação do Tantra Ioga Supremo gerarem-se, a si próprios, como uma Deidade.

Ser comum Qualquer pessoa que não realizou diretamente a vacuidade.

Ser-de-sabedoria Um Buda real, propriamente dito, especialmente convidado a se unificar com um ser-de-compromisso visualizado.

Ser senciente Qualquer ser que tenha a mente contaminada pelas delusões ou pelas marcas das delusões. Os termos "ser senciente" e "ser vivo" são termos utilizados para fazer a distinção entre os seres cujas mentes estão contaminadas pelas duas obstruções (ou por uma delas) e os Budas, cujas mentes são completamente livres das duas obstruções.

Ser Superior "*Arya*" em sânscrito. Ser que possui uma realização direta da vacuidade. Existem Hinayanas superiores e Mahayanas superiores.

Shantideva (687–763) Grande erudito budista indiano e mestre de meditação. Escreveu *Guia do Estilo de Vida do Bodhisattva*. Consultar *Contemplações Significativas* e *Guia do Estilo de Vida do Bodhisattva*.

Sutra Ensinamentos de Buda abertos para a prática de todos, sem necessidade de uma iniciação. Os ensinamentos de Sutra incluem os ensinamentos de Buda das Três Giradas da Roda do Dharma.

Sutras Perfeição de Sabedoria Sutras da segunda girada da Roda do Dharma, na qual Buda revelou sua visão final sobre a natureza última de todos os fenômenos – a vacuidade de existência inerente. Consultar *Novo Coração de Sabedoria* e *Oceano de Néctar*.

Tantra Ioga Supremo Uma instrução tântrica que inclui o método para transformar êxtase sexual em caminho espiritual. Consultar *Budismo Moderno* e *Solos e Caminhos Tântricos*.

Tempos sem início De acordo com a visão budista sobre o mundo, não há um início para a mente e, portanto, não há um início para o tempo. Por essa razão, todos os seres vivos tiveram incontáveis renascimentos.

Terra Búdica O ambiente puro de um Buda.

Terra Dakini A Terra Pura de Heruka e Vajrayogini. É chamada de "Keajra" em sânscrito e "Dagpa Khacho" em tibetano. Consultar *Novo Guia à Terra Dakini*.

Terra Pura Ambiente puro onde não há verdadeiros sofrimentos. Existem muitas Terras Puras. Por exemplo: Tushita é a Terra Pura de Buda Maitreya; Sukhavati é a Terra Pura de Buda Amitabha; e a Terra Dakini, ou Keajra, é a Terra Pura de Buda Vajrayogini e Buda Heruka. Consultar *Viver Significativamente, Morrer com Alegria*.

Togden Jampel Gyatso (1356–1428) Grande meditador tibetano a quem Je Tsongkhapa transmitiu a Linhagem Oral Ganden.

Tradição Kadampa A pura tradição do Budismo estabelecido por Atisha. Os seguidores dessa tradição, até a época de Je Tsongkhapa, são conhecidos como "Antigos Kadampas", e os seguidores após a época de Je Tsongkhapa são conhecidos como "Novos Kadampas". Ver também Budismo Kadampa e Kadampa.

Treino da mente "*Lojong*" em tibetano. Uma linhagem especial de instruções que veio de Buda Shakyamuni, que a transmitiu a

Manjushri e Shantideva e passada para Atisha e geshes kadampas. Essa linhagem especial enfatiza gerar a bodhichitta por meio das práticas de *equalizar eu com outros* e de *trocar eu por outros*, em associação com a prática de tomar e dar. Consultar *Compaixão Universal* e *Oito Passos para a Felicidade.*

Três Joias As Três Joias são os três objetos de refúgio: a Joia Buda, a Joia Dharma e a Joia Sangha. Eles são chamados de "Joias" porque são raros e preciosos. Consultar *Caminho Alegre da Boa Fortuna.*

Três treinos superiores São os treinos em disciplina moral, concentração e sabedoria, motivados por renúncia ou por bodhichitta. Consultar *Caminho Alegre da Boa Fortuna.*

Trijang Rinpoche, Vajradhara (1901–1981) Um lama tibetano especial que viveu no século XX e que foi uma emanação de Buda Shakyamuni, Heruka, Atisha, Amitabha e Je Tsongkhapa. Também conhecido como "Kyabje Trijang Rinpoche" e "Losang Yeshe".

Tummo Ver fogo interior.

Vacuidade Ausência de existência inerente, a natureza última dos fenômenos. Consultar *Budismo Moderno*, *Novo Coração de Sabedoria* e *Oceano de Néctar.*

Vajra Em geral, a palavra sânscrita "*vajra*" significa "indestrutível como o diamante e poderoso como o raio". No contexto do Mantra Secreto, pode significar a indivisibilidade de método e sabedoria, a grande sabedoria onisciente ou o grande êxtase espontâneo. É, também, o nome dado a um objeto ritual feito de metal. Consultar *Solos e Caminhos Tântricos.*

Vajra e sino Um vajra é um objeto ritual semelhante a um cetro e simboliza grande êxtase. O sino é um sino ritual de mão e simboliza a vacuidade. Consultar *Novo Guia à Terra Dakini* e *Solos e Caminhos Tântricos.*

Vajradhara O fundador do Vajrayana, ou Tantra. Vajradhara é o mesmo continuum mental que Buda Shakyamuni, mostrando porém um aspecto diferente. Buda Shakyamuni aparece no aspecto de um Corpo-Emanação, ao passo que Vajradhara aparece no aspecto de um Corpo-de-Deleite. Vajradhara também disse que, em tempos degenerados, apareceria, sob uma forma comum, como um Guia Espiritual. Consultar *Grande Tesouro de Mérito.*

Vajrayogini Deidade iluminada feminina do Tantra Ioga Supremo e a manifestação da sabedoria de todos os Budas. Ela é a mesma natureza que Heruka. Consultar *Novo Guia à Terra Dakini.*

Verdade convencional Qualquer outro fenômeno que não a vacuidade. Verdades convencionais são verdadeiras com respeito às mentes dos seres comuns, mas, em realidade, as verdades convencionais são falsas. Consultar *Budismo Moderno*, *Novo Coração de Sabedoria*, *Contemplações Significativas* e *Oceano de Néctar.*

Verdade última A natureza última de todos os fenômenos, a vacuidade. Consultar *Budismo Moderno*, *Novo Coração de Sabedoria*, *Contemplações Significativas* e *Oceano de Néctar.*

Voto Promessa de abster-se de determinadas ações. Os três conjuntos de votos são: os votos Pratimoksha de libertação individual, os votos Bodhisattva e os votos do Mantra Secreto, ou tântricos. Consultar *O Voto Bodhisattva* e *Solos e Caminhos Tântricos.*

Yidam Ver deidade.

Bibliografia

Venerável Geshe Kelsang Gyatso Rinpoche é um mestre de meditação e erudito altamente respeitado da tradição do Budismo Mahayana fundada por Je Tsongkhapa. Desde sua chegada ao Ocidente, em 1977, Venerável Geshe Kelsang Gyatso Rinpoche tem trabalhado incansavelmente para estabelecer o puro Budadharma no mundo inteiro. Durante esse tempo, deu extensos ensinamentos sobre as principais escrituras mahayana. Esses ensinamentos proporcionam uma exposição completa das práticas essenciais de Sutra e de Tantra do Budismo Mahayana.

Consulte o *website* da Tharpa Brasil para conferir os títulos disponíveis em língua portuguesa.

Livros

Budismo Moderno. O caminho da compaixão e sabedoria. (3ª edição, 2015)

Caminho Alegre da Boa Fortuna. O completo caminho budista à iluminação. (4ª edição, 2010)

Clara-Luz de Êxtase. Um manual de meditação tântrica.

Como Solucionar Nossos Problemas Humanos. As Quatro Nobres Verdades. (4ª edição, 2012)

Compaixão Universal. Soluções inspiradoras para tempos difíceis. (3ª edição, 2007)

Contemplações Significativas. Como se tornar um amigo do mundo. (2009)

Como Entender a Mente. A natureza e o poder da mente. (edição revista pelo autor, 2014. Edição anterior, com o título *Entender a Mente*, 2002)
Essência do Vajrayana. A prática do Tantra Ioga Supremo do mandala de corpo de Heruka.
Grande Tesouro de Mérito. Como confiar num Guia Espiritual. (2013)
Guia do Estilo de Vida do Bodhisattva. Como desfrutar uma vida de grande significado e altruísmo. Uma tradução da famosa obra-prima em versos de Shantideva. (2ª edição, 2009)
Introdução ao Budismo. Uma explicação do estilo de vida budista. (6ª edição, 2012)
As Instruções Orais do Mahamudra. A verdadeira essência dos ensinamentos, de Sutra e de Tantra, de Buda (2016)
Joia-Coração. As práticas essenciais do Budismo Kadampa. (2004)
Mahamudra-Tantra. O supremo néctar da Joia-Coração. (2ª edição, 2014)
Novo Coração de Sabedoria. Uma explicação do Sutra Coração. (edição revista pelo autor, 2013. Edição anterior, com o título *Coração de Sabedoria*, 2005)
Novo Guia à Terra Dakini. A prática do Tantra Ioga Supremo de Buda Vajrayogini. (edição revista pelo autor, 2015. Edição anterior, com o título *Guia à Terra Dakini*, 2001)
Novo Manual de Meditação. Meditações para tornar nossa vida feliz e significativa. (2ª edição, 2009)
Oceano de Néctar. A verdadeira natureza de todas as coisas.
Oito Passos para a Felicidade. O caminho budista da bondade amorosa. (edição revista pelo autor, 2013. Edição anterior, com mesmo título, 2007)
Solos e Caminhos Tântricos. Como ingressar, progredir e concluir o Caminho Vajrayana. (2016)
Transforme sua Vida. Uma jornada de êxtase. (2ª edição, 2014)
Viver Significativamente, Morrer com Alegria. A prática profunda da transferência de consciência. (2007)

O Voto Bodhisattva. Um guia prático para ajudar os outros. (2ª edição, 2005)

Sadhanas

Venerável Geshe Kelsang Gyatso Rinpoche também supervisionou a tradução de uma coleção essencial de sadhanas, ou livretos de orações. Consulte o *website* da Tharpa Brasil para conferir os títulos disponíveis em língua portuguesa.

Caminho de Compaixão para quem Morreu. Sadhana de Powa para o benefício dos que morreram.
Caminho de Êxtase. A sadhana condensada de autogeração de Vajrayogini
Caminho Rápido ao Grande Êxtase. A sadhana extensa de autogeração de Vajrayogini.
Caminho à Terra Pura. Sadhana para o treino em Powa – a transferência de consciência.
Cerimônia de Powa. Transferência de consciência de quem morreu.
Cerimônia de Refúgio Mahayana e Cerimônia do Voto Bodhisattva.
A Confissão Bodhisattva das Quedas Morais. A prática de purificação do Sutra Mahayana dos Três Montes Superiores.
Dakini Ioga. A sadhana mediana de autogeração de Vajrayogini.
Essência da Boa Fortuna. Preces das seis práticas preparatórias para a meditação sobre as Etapas do Caminho à iluminação.
Essência do Vajrayana. Sadhana de autogeração do mandala de corpo de Heruka, de acordo com o sistema de Mahasiddha Ghantapa.
Essência do Vajrayana Condensado. Sadhana de autogeração do mandala de corpo de Heruka.
O Estilo de Vida Kadampa. As práticas essenciais do Lamrim Kadam.
Festa de Grande Êxtase. Sadhana de autoiniciação de Vajrayogini.
Gota de Néctar Essencial. Uma prática especial de jejum e de purificação em associação com Avalokiteshvara de Onze Faces.

Grande Libertação do Pai. Preces preliminares para a meditação no Mahamudra em associação com a prática de Heruka.

Grande Libertação da Mãe. Preces preliminares para a meditação no Mahamudra em associação com a prática de Vajrayogini.

A Grande Mãe. Um método para superar impedimentos e obstáculos pela recitação do *Sutra Essência da Sabedoria* (o *Sutra Coração*).

O Ioga de Avalokiteshvara de Mil Braços. Sadhana de autogeração.

O Ioga de Buda Amitayus. Um método especial para aumentar tempo de vida, sabedoria e mérito.

O Ioga de Buda Heruka. A sadhana essencial de autogeração do mandala de corpo de Heruka & Ioga Condensado em Seis Sessões.

O Ioga de Buda Maitreya. Sadhana de autogeração.

O Ioga de Buda Vajrapani. Sadhana de autogeração.

O Ioga da Grande Mãe Prajnaparamita. Sadhana de autogeração.

O Ioga Incomum da Inconceptibilidade. A instrução especial sobre como alcançar a Terra Pura de Keajra com este corpo humano.

O Ioga da Mãe Iluminada Arya Tara. Sadhana de autogeração.

O Ioga de Tara Branca, Buda de Longa Vida.

Joia-Coração. O Guru-Ioga de Je Tsongkhapa associado à sadhana condensada de seu Protetor do Dharma.

Joia-que-Satisfaz-os-Desejos. O Guru-Ioga de Je Tsongkhapa associado à sadhana de seu Protetor do Dharma.

Libertação da Dor. Preces e pedidos às 21 Taras.

Manual para a Prática Diária dos Votos Bodhisattva e Tântricos.

Meditação e Recitação de Vajrasattva Solitário.

Melodioso Tambor Vitorioso em Todas as Direções. O ritual extenso de cumprimento e de renovação de compromissos com o Protetor do Dharma, o grande rei Dorje Shugden, juntamente com Mahakala, Kalarupa, Kalindewi e outros Protetores do Dharma.

Oferenda ao Guia Espiritual (Lama Chöpa). Uma maneira especial de confiar no Guia Espiritual.

Paraíso de Keajra. O comentário essencial à prática do *Ioga Incomum da Inconceptibilidade*.

Prece do Buda da Medicina. Um método para beneficiar os outros.

Preces para Meditação. Preces preparatórias breves para meditação.

Preces pela Paz Mundial.

Preces Sinceras. Preces para o rito funeral em cremações ou enterros.

Sadhana de Avalokiteshvara. Preces e pedidos ao Buda da Compaixão.

Sadhana do Buda da Medicina. Um método para obter as aquisições do Buda da Medicina.

O Tantra-Raiz de Heruka e Vajrayogini. Capítulos Um e Cinquenta e Um do Tantra-Raiz Condensado de Heruka.

O Texto-Raiz: As Oito Estrofes do Treino da Mente.

Tesouro de Sabedoria. A sadhana do Venerável Manjushri.

União do Não-Mais-Aprender. Sadhana de autoiniciação do mandala de corpo de Heruka.

Vida Pura. A prática de tomar e manter os Oito Preceitos Mahayana.

Os Votos e Compromissos do Budismo Kadampa.

Os livros e sadhanas de Venerável Geshe Kelsang Gyatso Rinpoche podem ser adquiridos nos Centros Budistas Kadampa e Centros de Meditação Kadampa e suas filiais. Você também pode adquiri-los diretamente pelo *site* da Editora Tharpa Brasil.

Editora Tharpa Brasil
Rua Artur de Azevedo 1360
Pinheiros
05404-003 - São Paulo, SP
Fone: 11 3476-2328
Web: www.tharpa.com.br
E-mail: contato.br@tharpa.com

Programas de Estudo do Budismo Kadampa

O Budismo Kadampa é uma escola do Budismo Mahayana fundada pelo grande mestre budista indiano Atisha (982–1054). Seus seguidores são conhecidos como "Kadampas": "Ka" significa "palavra" e refere-se aos ensinamentos de Buda, e "dam" refere-se às instruções especiais de Lamrim ensinadas por Atisha, conhecidas como "as Etapas do Caminho à iluminação". Integrando o conhecimento dos ensinamentos de Buda com a prática de Lamrim, e incorporando isso em suas vidas diárias, os budistas kadampas são incentivados a usar os ensinamentos de Buda como métodos práticos para transformar atividades diárias em caminho à iluminação. Os grandes professores kadampas são famosos não apenas por serem grandes eruditos, mas também por serem praticantes espirituais de imensa pureza e sinceridade.

A linhagem desses ensinamentos, tanto sua transmissão oral como suas bênçãos, foi passada de mestre a discípulo e se espalhou por grande parte da Ásia e, agora, por diversos países do mundo ocidental. Os ensinamentos de Buda, conhecidos como "Dharma", são comparados a uma roda que gira, passando de um país a outro segundo as condições e tendências cármicas de seus habitantes. As formas externas de se apresentar o Budismo podem mudar de acordo com as diferentes culturas e sociedades, mas sua autenticidade essencial é assegurada pela continuidade de uma linhagem ininterrupta de praticantes realizados.

O Budismo Kadampa foi introduzido no Ocidente em 1977 pelo renomado mestre budista Venerável Geshe Kelsang Gyatso Rinpoche. Desde então, ele vem trabalhando incansavelmente para expandir o Budismo Kadampa por todo o mundo, dando extensos ensinamentos, escrevendo textos profundos sobre o Budismo Kadampa e fundando a Nova Tradição Kadampa-União Budista Kadampa Internacional (NKT–IKBU), que hoje congrega mais de mil Centros Budistas e grupos kadampa em todo o mundo. Esses centros oferecem programas de estudo sobre a psicologia e a filosofia budistas, instruções para meditar e retiros para todos os níveis de praticantes. A programação enfatiza a importância de incorporarmos os ensinamentos de Buda na vida diária, de modo que possamos solucionar nossos problemas humanos e propagar paz e felicidade duradouras neste mundo.

O Budismo Kadampa da NKT–IKBU é uma tradição budista totalmente independente e sem filiações políticas. É uma associação de centros budistas e de praticantes que se inspiram no exemplo e nos ensinamentos dos mestres kadampas do passado, conforme a apresentação feita por Venerável Geshe Kelsang Gyatso Rinpoche.

Existem três razões pelas quais precisamos estudar e praticar os ensinamentos de Buda: para desenvolver nossa sabedoria, cultivar um bom coração e manter a paz mental. Se não nos empenharmos em desenvolver nossa sabedoria, sempre permaneceremos ignorantes da verdade última – a verdadeira natureza da realidade. Embora almejemos felicidade, nossa ignorância nos faz cometer ações não virtuosas, a principal causa do nosso sofrimento. Se não cultivarmos um bom coração, nossa motivação egoísta destruirá a harmonia e tudo o que há de bom nos nossos relacionamentos com os outros. Não teremos paz nem chance de obter felicidade pura. Sem paz interior, a paz exterior é impossível. Se não mantivermos um estado mental apaziguado, não conseguiremos ser felizes, mesmo que estejamos desfrutando de condições ideais. Por outro lado, quando nossa mente está em paz, somos felizes ainda que as condições exteriores sejam ruins. Portanto, o desenvolvimento dessas qualidades é da maior importância para nossa felicidade diária.

Venerável Geshe Kelsang Gyatso Rinpoche, ou "Geshe-la", como é carinhosamente chamado por seus discípulos, organizou três programas espirituais especiais para o estudo sistemático e a prática do Budismo Kadampa. Esses programas são especialmente adequados para a vida moderna - o Programa Geral (PG), o Programa Fundamental (PF) e o Programa de Formação de Professores (PFP).

PROGRAMA GERAL

O Programa Geral (PG) oferece uma introdução básica aos ensinamentos, à meditação e à prática budistas, e é ideal para iniciantes. Também inclui alguns ensinamentos e práticas mais avançadas de Sutra e de Tantra.

PROGRAMA FUNDAMENTAL

O Programa Fundamental (PF) oferece uma oportunidade de aprofundar nossa compreensão e experiência do Budismo por meio do estudo sistemático de seis textos:

1. *Caminho Alegre da Boa Fortuna* - um comentário às instruções de Lamrim, as Etapas do Caminho à iluminação, de Atisha.
2. *Compaixão Universal* - um comentário ao *Treino da Mente em Sete Pontos*, do Bodhisattva Chekhawa.
3. *Oito Passos para a Felicidade* - um comentário às *Oito Estrofes do Treino da Mente*, do Bodhisattva Langri Tangpa.
4. *Novo Coração de Sabedoria* - um comentário ao *Sutra Coração.*
5. *Contemplações Significativas* - um comentário ao *Guia do Estilo de Vida do Bodhisattva*, escrito pelo Venerável Shantideva.

6. *Como Entender a Mente* – uma explicação detalhada da mente, com base nos trabalhos dos eruditos budistas Dharmakirti e Dignaga.

Os benefícios de estudar e praticar esses textos são:

(1) *Caminho Alegre da Boa Fortuna* – obtemos a habilidade de colocar em prática todos os ensinamentos de Buda: de Sutra e de Tantra. Podemos facilmente fazer progressos e concluir as etapas do caminho à felicidade suprema da iluminação. Do ponto de vista prático, o Lamrim é o corpo principal dos ensinamentos de Buda, e todos os demais ensinamentos são como seus membros.

(2) e (3) *Compaixão Universal* e *Oito Passos para a Felicidade* – obtemos a habilidade de incorporar os ensinamentos de Buda em nossa vida diária e de solucionar todos os nossos problemas humanos.

(4) *Novo Coração de Sabedoria* – obtemos a realização da natureza última da realidade. Por meio dessa realização, podemos eliminar a ignorância do agarramento ao em-si, que é a raiz de todos os nossos sofrimentos.

(5) *Contemplações Significativas* – transformamos nossas atividades diárias no estilo de vida de um Bodhisattva, tornando significativo cada momento de nossa vida humana.

(6) *Como Entender a Mente* – compreendemos a relação entre nossa mente e seus objetos exteriores. Se entendermos que os objetos dependem da mente subjetiva, poderemos mudar a maneira como esses objetos nos aparecem, por meio de mudar nossa própria mente. Aos poucos, vamos adquirir a habilidade de controlar nossa mente e de solucionar todos os nossos problemas.

PROGRAMA DE FORMAÇÃO DE PROFESSORES

O Programa de Formação de Professores (PFP) foi concebido para as pessoas que desejam treinar para se tornarem autênticos professores de Dharma. Além de concluir o estudo de quatorze textos de Sutra e de Tantra (e que incluem os seis textos acima citados), o estudante deve observar alguns compromissos que dizem respeito ao seu comportamento e estilo de vida e concluir um determinado número de retiros de meditação.

Um Programa Especial de Formação de Professores é também mantido pelo KMC London, e pode ser realizado presencialmente ou por correspondência. Esse programa especial de estudo e meditação consiste de seis cursos desenvolvidos ao longo de três anos, fundamentados nos seguintes livros de Venerável Geshe Kelsang Gyatso Rinpoche: *Como Entender a Mente*; *Budismo Moderno*; *Novo Coração de Sabedoria*; *Solos e Caminhos Tântricos*; *Guia do Estilo de Vida do Bodhisattva*, de Shantideva, e seu comentário – *Contemplações Significativas*); e *Oceano de Néctar*.

Todos os Centros Budistas Kadampa são abertos ao público. Anualmente, celebramos festivais nos EUA e Europa, incluindo dois festivais na Inglaterra, nos quais pessoas do mundo inteiro reúnem-se para receber ensinamentos e iniciações especiais e desfrutar de férias espirituais. Por favor, sinta-se à vontade para nos visitar a qualquer momento!

Para mais informações sobre o Budismo Kadampa
e para conhecer o Centro Budista mais próximo de você,
por favor, entre em contato com:

Centro de Meditação
Kadampa Brasil
www.budismokadampa.org.br

Centro de Meditação
Kadampa Mahabodhi
www.meditadoresurbanos.org.br

Centro de Meditação
Kadampa Rio de Janeiro
www.meditario.org.br

Escritórios da Editora Tharpa no Mundo

Atualmente, os livros da Editora Tharpa são publicados em inglês (americano e britânico), chinês, francês, alemão, italiano, japonês, português e espanhol. Os livros na maioria desses idiomas estão disponíveis em qualquer um dos escritórios da Editora Tharpa listados abaixo.

Inglaterra (UK Office)
Tharpa Publications UK
Conishead Priory
ULVERSTON
Cumbria, LA12 9QQ, UK
Tel: +44 (0)1229-588599
Web: www.tharpa.com/uk
E-mail: info.uk@tharpa.com

Estados Unidos (US Office)
Tharpa Publications US
47 Sweeney Road
GLEN SPEY, NY 12737, USA
Tel: +1 845-856-5102
Toll-free: +1 888-741-3475
Fax: +1 845-856-2110
Web: www.tharpa.com/us
E-mail: info.us@tharpa.com

África do Sul
26 Menston Rd., Dawncliffe,
Westville, 3629, KZN
REP. OF SOUTH AFRICA
Tel : +27 (0)72 551 3429
Fax: +27 (0)86 513 3476
Web: www.tharpa.com/za
E-mail: info.za@tharpa.com

Alemanha
Tharpa-Verlag Deutschland
Mehringdamm 33, Aufgang 2,
10961 BERLIN, GERMANY
Tel: +49 (030) 430 55 666
Web: www.tharpa.com/de
E-mail: info.de@tharpa.com

Ásia (Asia Office)
Tharpa Asia
1st Floor Causeway Tower,
16-22 Causeway Road
Causeway Bay,
HONG KONG
Tel: +(852) 2507 2237
Web: www.tharpa.com/hk-en
E-mail: info.asia@tharpa.com

Austrália
Tharpa Publications Australia
25 McCarthy Road
MONBULK VIC 3793
AUSTRALIA
Tel: +61 (0)3 9752-0377
Web: www.tharpa.com/au
E-mail: info.au@tharpa.com

Brasil
Editora Tharpa Brasil
Rua Artur de Azevedo 1360
Pinheiros
05404-003
São Paulo, SP, BRASIL
Tel: +55 (11) 3476-2328
Web: www.tharpa.com.br
E-mail: contato.br@tharpa.com

Canadá
Tharpa Publications Canada
631 Crawford Street
TORONTO ON M6G 3K1,
CANADA
Tel: (+1) 416-762-8710
Toll-free: (+1) 866-523-2672
Fax: (+1) 416-762-2267
Web (Eng): www.tharpa.com/ca
Web (Fr): www.tharpa.com/ca-fr
E-mail: info.ca@tharpa.com

Espanha
Editorial Tharpa España
Calle Manuela Malasaña 26
local dcha, 28004 MADRID
ESPAÑA
Tel.: +34 917 55 75 35
Web: www.tharpa.com/es
E-mail: info.es@tharpa.com

França
Editions Tharpa
Château de Segrais
72220 SAINT-MARS-D'OUTILLÉ,
FRANCE
Tél/Fax : +33 (0)2 43 87 71 02
Web: www.tharpa.com/fr/
E-mail: info.fr@tharpa.com

Japão
Tharpa Japan
KMC Tokio
Web: www.kadampa.jp
E-mail: info@kadampa.jp

México
Enrique Rébsamen Nº 406,
Col. Narvate, entre Xola y
Diagonal de San Antonio,
MÉXICO D.F., C.P. 03020,
MÉXICO
Tel: +01 (55) 56 39 61 86
Tel/Fax: +01 (55) 56 39 61 80
Web: www.tharpa.com/mx/
Email: tharpa@kadampa.org.mx

Portugal
Publicações Tharpa Portugal
Rua Moinho do Gato, 5
Várzea de Sintra
2710-661 SINTRA
PORTUGAL
Tel: +351 219 231 064
Web: www.tharpa.pt
E-mail: info.pt@tharpa.com

Suiça
Tharpa Verlag
Mirabellenstrasse 1
CH-8048 ZURICH
Schweiz
Tel: +41 44 401 02 20
Fax: +41 44 461 36 88
Web: www.tharpa.com/ch/
E-mail: info.ch@tharpa.com

Índice Remissivo

a letra "g" indica entrada para o glossário

A

F

G

H

K

L

M

N

Q

R

Y